I0548293

Eugenio María de Hostos

Ensayos

Barcelona **2024**
Linkgua-ediciones.com

Créditos

Título original: Ensayos.

© 2024, Red ediciones S.L.

e-mail: info@red-ediciones.com

Diseño de cubierta: Mario Eskenazi

ISBN rústica: 978-84-9816-595-1.
ISBN ebook: 978-84-9897-683-0.

Sumario

Brevísima presentación

La vida

Eugenio María de Hostos (1839-1903). Puerto Rico.

Nació en Mayagüez en 1839 y murió en Santo Domingo en 1903. Hizo sus estudios primarios en San Juan y el bachillerato en España en Bilbao. Estudió además Leyes en la Universidad Central de Madrid. Siendo estudiante luchó en la prensa y en el Ateneo de Madrid por la autonomía y la libertad de los esclavos de Cuba y de Puerto Rico. Y por entonces publicó *La peregrinación de Bayoán* novela crítica con el régimen colonial de España en América.

Entre 1871 a 1874 Hostos viajó por Colombia, Perú, Chile, Argentina y Brasil. En Chile publicó su *Juicio crítico de Hamlet*, abogó por la instrucción científica de la mujer y formó parte de la Academia de Bellas Letras de Santiago. En Argentina inició el proyecto de la construcción del ferrocarril trasandino.

En 1874 dirigió con el escritor cubano Enrique Piñeyro la revista *América Ilustrada* y en 1875, en Puerto Plata de Santo Domingo, dirigió *Las Tres Antillas*, con la pretensión de fundar una Confederación Antillana.

Hacia 1879 se estableció en Santo Domingo y allí redactó la Ley de Normales y en 1880 inició la Escuela Normal bajo su dirección. A su vez, dictaba las cátedras de Derecho Constitucional, Internacional y Penal y de Economía Política en el Instituto Profesional.

Tras el cambio de soberanía de Puerto Rico en 1898 pretendió que el gobierno de Estados Unidos permitiera al pueblo de Puerto Rico decidir por sí mismo su suerte política en un plebiscito.

Decepcionado volvió a Santo Domingo donde murió en 1903.

Ensayos

José de San Martín

Ensayos Biográficos en sus «Hombres de América»

San Martín fue argentino por la cuna; pero era un hombre de Esparta por sus hábitos. Ningún hombre más sencillo, ni tampoco, más severo; ninguno más sobrio de palabras, pero tampoco más pródigo de su persona; ninguno más astuto en su prudencia, pero ninguno más imprudente en su deber. Visto en la hermosa estatua ecuestre que le ha consagrado agradecida Chile, parece un hombre de otros tiempos; tanto en su figura atlética, en su rostro enjuto, en sus ojos fríos, se denota la indiferencia por todo lo que es vano, y la atención exclusiva a lo que constituye el propósito de su existencia.

San Martín tenía mejor vista que los otros, y había visto que, a pesar del denuedo y de la excelente organización de los patriotas chilenos, éstos iban a tener que cejar. Y San Martín quiso ponerse a tiempo en acecho del acontecimiento y en espera de los perseguidos que habían de tener que pedir auxilio.

Y en efecto, fueron; y en efecto, les prestó San Martín el auxilio y la expedición chilena y argentina cayeron como un alud irresistible desde lo alto de la cuesta e hicieron con los españoles lo que hace el alud con lo que encuentra.

Esa gran batalla de Chacabuco, que hizo dueños de Chile a los chilenos, no duró más que un momento: el necesario para aplastar. El otro paso de San Martín fue tan meditado como los anteriores. Se trataba nada menos que de poner al servicio del Perú, todavía esclavo, las fuerzas de Chile, todavía no por completo independiente. Verdad es que San Martín tuvo en su favor el espíritu chileno, espíritu varonil y generoso, y verdad es también que sus primeros auxiliares eran O´Higgins y otros padres de la patria chilena; pero no es menos verdad que sin la deliberada constancia de San Martín, ni Chile ni San Martín hubieran ido a emancipar al Perú. Pero fueron y lo emanciparon; tanta gloria como a Chile por su virtud y heroísmo, tocó a San Martín por su heroísmo y su virtud.

El virreinato del Perú era una presa demasiado rica para que los españoles la soltaran fácilmente, así es que batallaron como perros de presa que están aferrados a la carne. Y tanto batallaron que Bolívar, ya seguro de Venezuela, y olfateando la gloria que tanto le embriagaba, decidió comprometer a

13

las recién emancipadas esclavas del Norte en la emancipación de la esclava del Sur. Ya en camino se encontró con que los habitantes del Ecuador estaban todavía bajo las garras del león y en Pichincha lo arrojó del Ecuador.

Para entonces había San Martín meditado el más misterioso de sus pasos en la historia: había meditado su entrevista con Bolívar. Para verificarla, tuvo que salir de Lima y presentarse en Guayaquil. Allí fue donde se vieron, se hablaron, se comprendieron y se separaron los dos hispanoamericanos que más habían influido en la independencia del continente del Sur.

Aquella entrevista de Guayaquil promovió el paso más trascendental de San Martín: San Martín, libertador del Perú, libertador de Chile, soldado benemérito de la independencia de su patria, la hoy República Argentina, protector, o sin eufemismo, árbitro absoluto de los destinos del Perú, estaba antes y después de la entrevista de Guayaquil, en aptitud de ser opositor omnipotente de los designios de Bolívar. Pero en vez de la obra de mal en que pudiera ser admirado por todas las posteridades, prefirió la obra de bien que la posteridad no había ni siquiera de entender.

14

La abolición de la esclavitud en Puerto Rico

I

En tanto que el mundo civilizado aplaude la supuesta emancipación otorgada en 22 de marzo de 1873 por la asamblea nacional de España a los 31.000 esclavos de la isla de Puerto Rico, el gobierno republicano se ha burlado inicuamente de esos esclavos. En tanto que la filantropía universal se regocija de su triunfo, el triunfo que vitorea es una mentira indigna.

Nuestra época transige y aun se honra con los charlatanes que tienen sutileza o fuerza suficiente para imponer como hechos consumados la violencia que hacen a los principios, y no es extraño que esta crédula América Latina entone loores al gobierno de la república española por un acto que solo conoce por las interesadas relaciones del telégrafo. Pero si no es extraño, es repugnante que la mentira reciba las alabanzas que solo merece la verdad y es doloroso que una apariencia mendaz pase como la realidad más lisonjera a los ojos de una generación.

La moralidad es, en las ideas como en los actos, una forma de la virilidad nada más, y la simple existencia de la repulsiva inmoralidad intelectual que domina en Europa y en América demuestra hasta qué punto de decrepitud, lógica allí, temprana aquí, hemos llegado.

Para reaccionar contra esa inmoralidad y para protestar contra esa decadencia de la virilidad voy a darme el trabajo de examinar en sus antecedentes y en sus consecuencias la ley española de abolición de esclavitud en Puerto Rico.

Con uno solo que me acompañe a condenar esa mentira inicua me daré por satisfecho. En tiempos de epidemia, la salud de uno solo nos alienta.

La isla de Puerto Rico, en una corta extensión, tiene una población extraordinaria: más de 1.800 habitantes por legua cuadrada, cerca de 700.000 para toda la superficie de la isla.

De esos 700.000 habitantes, 100.000 se consagran al trabajo muscular en el campo, en las ciudades, en las playas, como estancieros, como jornaleros urbanos o rurales, como intermediarios del comercio o de la industria.

15

Entre esos 100.000 trabajadores libres hay, próximamente, un 25 %, o 25.000 individuos, que fueron esclavos y que merced a su propio trabajo se emanciparon de la servidumbre.

La población restante (600.000 almas) está compuesta, en su inmensa mayoría, de criollos o nativos de la isla; de empleados, soldados y aventureros españoles, que formarán una cifra de 90.000 extranjeros españoles; de 8 a 12.000 extranjeros americanos y europeos, y de 31.000 esclavos africanos y criollos.

En el fondo de estas cifras hay dos hechos: primero, el desarrollo de población; segundo, el desarrollo del trabajo libre.

El primer hecho es portentoso; dado el sistema colonial, en ninguna parte más coercitivo que en la isla de Puerto Rico, habría sido absolutamente imposible ese crecimiento espontáneo de la población si ésta no hubiera sido eminentemente productora y si el país no hubiera sido inagotablemente productivo .

El segundo hecho es increíble: dado el olvido desdeñoso en que España ha tenido siempre a aquella isla, ésta no hubiera llegado insensiblemente, como ha llegado, a organizar libremente su trabajo si la necesidad no hubiese sido superior a los obstáculos sociales, políticos y económicos que la metrópoli le oponía. La necesidad superó esos obstáculos, y si es increíble que los superara, no lo es menos que la población, siguiendo el curso de la necesidad, haya tenido aptitud y recursos suficientes para hacerlo, oponiéndose al sistema omnipotente y aun contrariándolo y minándolo.

En los dos hechos señalados hay dos proporciones tan dignas de examen como ellos. La una, que hace corresponder el aumento de trabajadores libres al aumento de población; la otra, que patentiza la disminución de esclavos en razón del aumento de trabajo libre, demuestran que la isla hubiera por su propio esfuerzo, por el simple desarrollo natural de su vida, concluido espontáneamente con la esclavitud si el gobierno impuesto, que la hace necesaria, hubiera seguido el ejemplo de la sociedad y favorecido el desarrollo del trabajo libre.

Pero lejos de hacerlo el gobierno español debió espantarse de la suma de elementos contrarios que la esclavitud, su institución favorita tenía en Puerto

16

Rico, pues hizo cuanto pudo por ahogar la libertad del trabajo y por reanimar el tráfico de esclavos.

Para ahogar la libertad del trabajo lo reglamentó tan severamente y con tanta dureza se encadenó el trabajador libre a su patrón, que éste era un verdadero árbitro de aquél. Se instituyó el sistema de libretas, documentos por cuyo medio el prestador de trabajo se convertía en siervo del patrón, que a merced de préstamos dolosos y de créditos fraudulentos, ponía al trabajador en la alternativa de seguir trabajando siempre para su explotador o de perder la heredad, la cosecha, el hogar, el bien que su trabajo había conquistado.

Para reanimar a los negreros y devolver su antigua pujanza a la esclavitud, rodeó de traficantes de carne humana a las autoridades de la isla, las distinguió con honores repugnantes y consiguió que el número de esclavos, que en el decenio de 44 a 54 había disminuido, aumentara hasta los 31.000 a que se eleva desde 1863, en que el tráfico negrero murió por consunción en Puerto Rico.

II

Entre tanto, la propaganda democrática llegaba en España a sus mejores días, y era de esperar, porque era lógico, que se extendiera hasta reivindicar para el miserable esclavo el derecho de vida y de libertad que le negaban.

¿Se hizo lo que era lógico? Ni una sola vez desplegaron sus labios para clamar contra la esclavitud aquellos redentores del derecho que, ahuecando la voz y adecuándola al sentimentalismo mujeril en que ha vivido y vive la raza latina de ambos continentes, invocaban a Italia dormida en artículos insensatos que solo la sensiblería desidiosa de los latinos de ambos mundos ha podido aplaudir y celebrar.

Hablar en favor de los esclavos era concitar un peligro en las Antillas, mientras que unirse a Italia que resucitaba o a Polonia que quería resucitar era atraerse la adhesión de todas las almas generosas.

Concitando un peligro en las Antillas, los propagandistas de la democracia española se exponían a perder su popularidad, y ninguno de aquellos grandes hombres ha sido nunca tan grande que se haya puesto a la altura

17

de la justicia. Para esto se necesita una gran estatura moral e intelectual y no basta para tenerla, encaramarse en los hombros de un pueblo ignorante o adular las flaquezas de una raza enferma.

Claro está que en esta inconsecuencia de los demócratas españoles hubo, como en toda inconsecuencia, una torpeza y una prueba de ignorancia, pues hubieran podido ser lógicos y abogar continua y calurosamente por la abolición de la esclavitud, sin por eso enajenarse, antes haciéndola más eficaz, la adhesión de todo el mundo; pero el hecho es el hecho vergonzoso, y como el mundo de los españoles es España y allí están los enemigos de la abolición, es natural, aunque fuera bochornoso, que los demócratas callaran.

Lo único que hicieron (no estoy absolutamente seguro) fue consignar en el tan perseguido programa democrático de *La Discusión* unas palabras ambiguas.

De cuando en cuando consentían que *La Democracia* publicara algún artículo abolicionista, y el autor de ese artículo era siempre un antillano.

III

Los puertorriqueños no eran demócratas ni eran nada, porque les estaba vedado serlo todo. Y, sin embargo, ellos, en la cárcel de su isla, en la inquisición de su gobierno colonial, habían establecido una asociación secreta cuyo fin exclusivo era comprar esclavos recién nacidos para darles libertad. Se descubrió la asociación y sus miembros fueron perseguidos y algunos de ellos fueron encarcelados, y más de uno tuvo que anticiparse voluntariamente al destierro con que era amenazado. Los demócratas españoles nunca sabían estas cosas: estaban vaciando su humanitarismo en Italia, en Polonia o en la boquiabierta América Latina, a quien hacían soñar en el gran día en que las expediciones científicas o las expediciones democráticas reanudaran los estrechos lazos que los crímenes del tiempo y no de España habían desanudado, no roto.

Pero si los demócratas no querían comprometerse a saber que había en Puerto Rico unos cuantos demócratas oscuros que por abolir prácticamente la esclavitud eran perseguidos, la isla desventurada lo sabía, y de ella salie-

18

ron el primer propagandista, el primer escritor y los primeros representantes insulares que abogaron, demostraron y pidieron la abolición de la esclavitud.

Un joven que ha tenido la suerte de no vender nunca por aplausos los servicios que ha tratado de prestar a la justicia, a la verdad y a la libertad era en 1866 redactor del diario liberal *La Nación* y director de la Revista, que, con el mismo título, publicaba especialmente para estimular a las Antillas. Le importaba bastante poco la política española, entonces más brutal y más estúpida que nunca, y codiciaba ocasiones en que servir a su país, demostrando con claridad y sin violencia la inutilidad de contar para nada con España y la necesidad de resolver la cuestión de esclavitud.

Estaba solo en el palenque cuando se presentó en Madrid otro puertorriqueño, el señor Julio Vizcarrondo, perseguido en la isla por abolicionista, y anhelante de vengarse diciendo a gritos en España lo que no le habían dejado decir secretamente en Puerto Rico.

Vizcarrondo tenía todas las cualidades del propagandista y no carecía de ninguno de los defectos que parecen anexos al apostolado político. Quería a toda costa brillar y vengarse, y el brillo y la venganza eran una misma cosa si conseguía atraerse a los liberales de España y formar una sociedad abolicionista.

Se encontró con los libre-cambistas, sociedad de economistas jóvenes que por no haberse plegado a los apóstoles de la democracia vivían en el hambre de influencia política y social.

La idea de una sociedad abolicionista vista por el prisma de las ambiciones personales, era una idea encantadora, y la aceptaron con calor. No había que hacerle sacrificio alguno y pensaban deberle la popularidad que buscaban.

Nunca pensamiento generoso sirvió más a ideas menguadas. Pero como nunca tampoco fueron tantos los ávidos de estruendo y de renombre que se propusieron explotar un alto fin, nunca tampoco se constituyó más fácilmente una asociación propagandista en España.

A los pocos días de asociados todos aquellos concupiscentes de influencia, la sociedad abolicionista era un hecho, y celebraba en un teatro su primera reunión, hábilmente reforzada a ruego de los abolicionistas por muchas señoras y señoritas de la corte.

Los demócratas no habían creído inconsecuente el silencio que hasta entonces habían guardado en la cuestión más trascendente y más ligada con los principios democráticos; pero hubieran creído criminal el perder la ocasión de conquistar aplausos, y el sonoro Castelar llenó de sonoridades el teatro.

Al día siguiente no hubiera sido demócrata el que no se hubiera sentido capaz de pedir la abolición de la esclavitud... en las tablas de un proscenio o en las columnas de un periódico.

¡Ah! es cosa de avergonzarse de ser hombres cuando se ven las infamias de los hombres!

No era el redactor de *La Nación* de los capaces de ser cómplice de esas indignas profanaciones de una idea, y en un artículo veraz, que le debió la honrosa enemistad de aquellos explotadores del principio abolicionista, escribió severamente estas palabras, que más tarde habían de ser utilizadas por un utilizador de cuantas ideas están triunfando: «La esclavitud, como todas las monstruosidades sociales, es una enfermedad que no se cura con música de palabras. Ni música, ni anodinos. Abolición inmediata, ése es el medio y es el fin».

Un año después, y cuando se presentaron en Madrid los comisionados de las Antillas, los de Puerto Rico no vacilaron en pedir a la junta de información, en la cual deliberaban, «la abolición inmediata, con o sin indemnización».

El autor de esa gloriosa proposición, Ruiz Belvis, moría desconocido y desamparado en Valparaíso pocos días antes de que los demócratas españoles, triunfando con la revolución de 1868, volvieran a gozar de su pletórica popularidad, y pocos días antes de que los economistas, que habían debido a la propaganda abolicionista su reconciliación con el partido militante de la libertad, ocuparan las ministerios que han ocupado.

IV

Pero hay algo más digno de una pluma justiciera que el condenar las arterias de los burladores de ideas y sentimientos generosos, y es el hacer justicia a los que obedecen sin estruendo, sin egoísmo y sin falacia a móviles humanos.

20

La isla de Puerto Rico merece esa justicia. No había en 1867 un solo puertorriqueño que no fuese abolicionista, y si hubo muchos habitantes de la isla que condenaran a Ruiz, a Acosta y a Quiñones por haber pedido la abolición inmediata de la esclavitud, no fueron nativos de la isla: eran españoles.

Para éstos, como para todos los gobiernos de España, la emancipación de la esclavitud significaba emancipación de las Antillas, y la independencia de éstas significaba la ruina de todos los privilegios de que viven.

Motivos totalmente contrarios como son los a que obedecen los puertorriqueños, para quienes la abolición de la esclavitud significa la realización de su mejor deseo la independencia de la isla, es fácil suponer que, precisamente por ser partidarios de la esclavitud los españoles residentes en la isla, habían de ser enemigos de ella los criollos.

Pero tenía bases más firmes y motivos más desinteresados el espíritu abolicionista de la isla.

A medida que crecía la población, las necesidades del trabajo aumentaban, y no bastando para satisfacerlas la clase formada por los mestizos y por los libertos, y estando exclusivamente consagrados al trabajo rural las negradas de esclavos, muchas familias de las ciudades comerciales de la isla, que tenían uno o muy pocos esclavos para su servicio, concibieron la idea de poner sus siervos a jornal en las faenas del tráfico urbano.

Poco a poco, cuantas familias poseían a su servicio los esclavos necesarios para él, viendo en el jornal diario o semanal de sus siervos un medio de aumentar su bienestar doméstico, imitaron a los poseedores de esclavos que habían tomado la iniciativa. De aquí se produjo insensiblemente un hecho que fue lentamente labrando en el ánimo de todos los criollos. Aquellos siervos que no habían hasta entonces servido para otro fin que el de bestia de carga en las haciendas o el de autómatas en los oficios del hogar, servían para redimir de la indigencia a una familia o para contribuir al bienestar de ella. Habían sido un capital inerte; se convertían en un capital activo. Como eran la inteligencia y la diligencia del esclavo las que daban precio y estimación a su trabajo, los amos empezaron a ver que era un ser inteligente y diligente el que hasta entonces habían tenido por acémila. Como las condiciones mismas del jornal ganado obligaban al siervo a permanecer horas

21

enteras de cada día en la semi-libertad del tráfico, los amos vieron que era capaz de libertad el ser infortunado a quien se tenía en eterno pupilaje. Como el esclavo no abusaba de su semi-libertad para sustraer su persona, o su salario, los amos vieron que había una personalidad responsable en él y que esa responsabilidad daba siempre por fruto un hombre honrado.

De aquí la constitución espontánea de un estado social para el esclavo, que si no era libertad completa, no era tampoco esclavitud completa. De aquí la elevación del siervo en su propio concepto y en el de todos. De aquí el cambio de relaciones entre la población libre y la esclavizada. De aquí la rápida desaparición de las preocupaciones de razas. De aquí la modificación de las costumbres. El esclavo doméstico había dejado de ser uno de los muebles de la casa para ser uno de los miembros de la familia.

Más o menos legalmente, ese esclavo engendraba, contrataba, poseía. Cuando su propiedad no bastaba para emancipar a su familia, bastaba para libertar a uno o algunos de sus hijos, y como cada familia veía en los hijos de sus esclavos unos componentes de la suya, y como el esclavo jornalero conciliaba fielmente su obligación de trabajar para su amo con la creciente necesidad de poseer para constituir una familia independiente, se establecía una relación de identidad entre el trabajo esclavo que él realizaba para su amo y el trabajo libre que para sí mismo realizaba, y a medida que percibía esa relación, trabajaba más y mejor, se moralizaba más, y más merecía la casi paternal o fraternal consideración con que era tratado.

Aquí tomaba sus raíces otro hecho. El negro africano o criollo es esencialmente bueno en su naturaleza. Yo no conozco ser más agradecido que un negro ni más digno de los servicios que recibe. Adhesión más incondicional que la de un negro agradecido no la he estudiado ni admirado en ningún ser. Abnegación como la suya solo en él la he notado y acatado. Reconocimiento de superioridad en el respeto cariñoso, humildad manifiesta en el fácil perdón de la injusticia, ninguna religión la ha impuesto artificialmente en el espíritu del hombre con tan firmes caracteres como la naturaleza, y su propia desventura la señala en el alma racional del negro esclavo. Las virtudes espontáneas de esa raza llenaban de tanta admiración mi espíritu, siempre enemigo de la iniquidad, siempre rebelde contra el mal que, siendo niño, me

22

decía con honda convicción: «Esta raza es superior en virtudes a la nuestra; estos esclavos valen infinitamente más que sus amos».

Tal vez éstos iban pensando involuntariamente como yo, pues al par que la semi-libertad iba probando las cualidades de la raza esclavizada iba mejorando en cada hogar el trato que los esclavos recibían. El esclavo, que para ser adicto servidor no había necesitado los motivos que empezaba a tener para serlo, desarrolló entonces todas las buenas cualidades de su raza, y no será una sola la familia puertorriqueña que, empobrecida o arruinada, haya debido a sus esclavos, a veces a uno solo, la parte menos amarga del pan de cada día.

A estos motivos inmediatos de cambio en la opinión individual y colectiva; a esta insensible propaganda abolicionista hecha por los méritos mismos de la raza esclavizada, se unieron la guerra social de los Estados Unidos, la creciente necesidad de libertad experimentada por todos los criollos y la cada vez más pujante influencia de las ideas modernas, que, predicadas y practicadas por todos los jóvenes que volvían educados de América o de Europa, adquirieron tanta más fuerza en el espíritu público del país cuanto más tenaces eran los obstáculos que les oponían los dominadores.

Así, cuando el director de la revista *La Nación*, demostrando que por sí misma, en treinta años se disolvería la institución doméstica en Puerto Rico, llegaba a la necesidad de abolirla inmediatamente; cuando el puertorriqueño Vizcarrondo creaba en Madrid la sociedad abolicionista; cuando los comisionados puertorriqueños Ruiz, Acosta y Quiñones, proponían la abolición inmediata de la esclavitud, con o sin indemnización, la isla entera, excepto los españoles de la isla, era quien se declaraba dispuesta a aceptar la inmediata emancipación de los esclavos.

V

¿Por qué no se oyó el voto de la isla?

Entre otras causas, porque los demócratas y los liberales que en 1868 triunfaron con la revolución de septiembre eran, en la práctica, enemigos de la abolición que teóricamente, y en reuniones públicas habían sostenido.

Y ¿por qué eran en la práctica enemigos de la abolición que en principio defendían? Por lo mismo que en la práctica se muestran enemigos de la in-

23

dependencia: por cobardía política, porque no hay uno solo de los políticos españoles que tenga el carácter, la alteza de carácter necesaria para oponer enérgica resolución a la ignorancia popular y actos categóricos a los explotadores españoles que en las Antillas viven de la esclavitud social, política, económica, moral e intelectual.

Ejemplo abrumador de esta afirmación es toda la historia política y parlamentaria de la «Cuestión de Cuba» en España. Demostración repugnante de esa verdad es la conducta miedosa de todos los gobiernos, desde Serrano y Prim hasta Zorrilla y Figueras, observada con los voluntarios de Cuba. Comprobación odiosa es la indigna inconsecuencia de la llamada república española, que solo ha tenido adulaciones para los errores públicos al aclamar a diestro y siniestro «integridad nacional»; que solo ha tenido miedo al promulgar una ley de abolición que es una hipocresía y una mentira procaz.

Véase esa ley de abolición:

«Artículo 1.º Queda abolida para siempre la esclavitud en Puerto Rico.

Art. 2.º Los libertos quedan obligados a celebrar contratos con sus actuales poseedores, con otras personas o con el estado por un tiempo que no bajará de tres años.

En estos contratos intervendrán, con el carácter de curadores de los libertos, tres funcionarios especiales nombrados por el gobierno superior con el nombre de protectores de los libertos.

Art. 3.º Los poseedores de esclavos serán indemnizados de su valor en el término de seis meses después de publicada esta ley en la *Gaceta de Madrid*.

Los poseedores con quienes no quisieran celebrar contratos sus antiguos esclavos obtendrán un beneficio del 25 por ciento sobre la indemnización que hubiera de corresponderles en otro caso.

Art. 4.º La indemnización se fija en la cantidad de 35 millones de pesetas, que se hará en efectivo mediante un empréstito que realizará el gobierno sobre la exclusiva garantía de las rentas de la isla de Puerto Rico, comprendiendo en los presupuestos de la misma la cantidad de 3.500.000 pesetas anuales para interés y amortización de dicho empréstito.

Art. 5.º La distribución se hará por una junta, compuesta del gobernador civil de la isla, presidente; del jefe económico, del fiscal de la audiencia,

24

de tres diputados provinciales elegidos por la diputación; del síndico del ayuntamiento de la capital; de dos propietarios, elegidos por los cincuenta poseedores del mayor número de esclavos, y otros dos, elegidos por los cincuenta poseedores del menor número.

Los acuerdos de esta comisión serán tomados por mayoría de votos.

Art. 6.º Si el gobierno no colocase el empréstito entregará los títulos a los actuales poseedores de esclavos.

Art. 7.º Los libertos entrarán en el pleno goce de los derechos políticos a los cinco años de publicada la ley en la *Gaceta de Madrid*.

Art. 8.º El gobierno dictará las disposiciones necesarias para la ejecución de esta ley y atenderá a las necesidades de beneficencia y de trabajo que la misma hiciera precisas.»

VI

El Gabinete de Washington, cuya conducta en Cuba sería odiosa sino fuera tan repulsiva la de todas las naciones americanas, excepto Colombia y Venezuela; el gabinete de Washington ha podido ordenar a su embajador en Madrid que alabe en una conferencia oficial, y pública, y solemne, la ley de abolición. Son intereses de Grant que un ciego ve, pero la razón humana que es mucho más lúcida que el actual burlador de la opinión norteamericana condenará siempre todos y cada uno de los artículos de la ley inicua.

Condenará el primero, porque es una mentira procaz.

Condenará el segundo, porque es la prueba de la mentira del primero.

Condenará el tercero, porque su segundo inciso, además de una desigualdad injusta, es preparación de un régimen de fuerza para la libertad del trabajo.

Condenará el cuarto, porque es una ruindad.

Condenará en masa los cuatro artículos restantes, porque están basados en los cuatro artículos anteriores.

Son muy matemáticos los dispuestos a aplaudir lo que han aplaudido los fuertes, y preguntarán por qué condena la razón los artículos de la ley de abolición.

Aquí el porqué:

Porque la abolición de la esclavitud es el hecho por el cual quedan los esclavos en inmediata libertad, en inmediata disposición de su persona, en inmediata posesión y disposición de su trabajo, y el artículo 2.º de esa ley de abolición obliga a los mal llamados libertos a celebrar contratos con sus actuales poseedores, con otras personas o con el Estado por un tiempo que no bajará de tres años. Obligados a celebrar contratos con sus mismos poseedores, siguen siendo esclavos de ellos. Obligados a celebrar contratos con otras personas, siguen siendo enajenables, puesto que no pueden disponer de la libertad civil. Obligados a servir al Estado, se hacen esclavos del Estado. Los curadores instituidos por el inciso 2.º de ese artículo demuestran la esclavitud de esos libertos. ¿Qué son a los ojos de la ley? ¿Personas civiles? pues tienen personalidad jurídica y no necesitan curadores. ¿Son presuntos niños, menores, incapaces? pues son esclavos durante la presunta infancia, minoría, incapacidad.

Por qué condena la razón el artículo 1.º de esa ley no hay necesidad de decirlo después de haber analizado el artículo 2.º ¿Cómo ha de quedar abolida para siempre en Puerto Rico la esclavitud que se impone, por lo menos, tres años a los siervos a quienes se liberta? ¿En qué mundo de iniquidad y de mentira respiramos, que pase por justicia la injusticia, y se tome como verdad la burla de ella?

Cuando el inciso 2.º del artículo 3.º preceptúa que «los poseedores con quienes no quieran celebrar contratos los antiguos esclavos obtendrán un beneficio del 25 por ciento sobre la indemnización que hubiera de corresponderles en otro caso», la razón humana debe, tiene que condenarlo, porque ese inciso altera todas las condiciones de igualdad, premia la perversidad, favorece voluntariamente el fraude y crea para días próximos una anarquía violenta en el trabajo de la isla.

Altera las condiciones de igualdad porque aumenta el tipo de la indemnización para una clase de privilegiados, que serán cuantos, no teniendo intereses permanentes en la isla y creyendo que sin esclavos perecerá (sic), se pondrán voluntariamente en el caso del inciso para aumentar la indemnización. Como los españoles son los que menos intereses permanentes tienen, ellos son los favorecidos.

Pero este inciso hace más: premia la perversidad. Entre los propietarios de esclavos hay unos que los tratan soportablemente, otros que se ensañan brutalmente en ellos. Los primeros pueden contar con el contrato que el artículo 2.º de la ley impone; los segundos, si la ley es eficaz, verán desaparecer de sus haciendas, de sus estancias, de su servicio, a los libertos. ¿En qué derecho y en qué moral pueden fundarse el privilegio y el premio que se les otorga al concederles un beneficio del 25 por ciento como compensación de una pérdida que ellos mismos, por la brutalidad y la inhumanidad de su conducta provocaron?

Pero hay más y peor en el inciso comentado. Forzados a prestar su trabajo a sus antiguos poseedores, a otras personas que quieran contratarlos o al estado, los hipócritamente denominados libertos continuarán siendo francamente esclavos, y las condiciones del trabajo empeorarán, porque en vez de organizarse la libre competencia de trabajo, la ley de la demanda y de la oferta, la proporción entre el trabajo y el salario, se habrá organizado la anarquía económica, dentro de la cual podrán los actuales tenedores de esclavos imponer condiciones al trabajo, en vez de recibirlas y sufrirlas.

Y se llama ley de abolición lo que, en vez de acatar la justicia, la igualdad y la libertad del trabajo, consagra una injusticia, sanciona la desigualdad, legaliza la esclavitud!

El artículo cuarto de la ley no se condena, se desprecia. Es una ruindad, porque, según él, España libertadora de esclavos, da la supuesta libertad con el dinero de la isla que ha arruinado. Es una nueva victoria de la desigualdad, porque hace que el dinero de todos los puertorriqueños, que es trabajo de todos los puertorriqueños, pague a los explotadores del trabajo esclavo la indemnización que ellos debieran pagar al explotado o que debieran recibir de España, que es quien ha autorizado sistemáticamente la explotación.

VII

El sentido común se fatiga y la dignidad se mancha examinando los absurdos y las indignidades de esa ley. Preciso es que el sentido común de la humanidad y la dignidad de los hombres estén muy enfermos para que esa ley, en vez del anatema que merece, haya recibido los elogios con que ha llegado hasta nosotros.

Sanos de razón y de conciencia como estamos, no queremos continuar comentando ese innoble producto de la mala fe y la cobardía política.

Lo que debemos hacer es lo que vamos a hacer: a demostrar que los hombres del gobierno republicano de España no han tenido el valor de sus convicciones, si eran abolicionistas, o no eran abolicionistas si es producto de sus convicciones esa ley.

La marcha del proyecto de abolición ha sido ésta:

Habiendo los gobiernos de Estados Unidos e Inglaterra insinuado al gobierno de Amadeo, en notas que ha hecho famosas su violencia, la necesidad de abolir la esclavitud, y habiendo el príncipe italiano exigido a su primer ministro Ruiz Zorrilla, que llevara a las cámaras un proyecto de ley más radical que el antes presentado por Moret (abolicionista furioso cuando era economista, abolicionista parcial cuando ocupó el ministerio de ultramar), Ruiz Zorrilla, por medio de Mosquera, ministro de ultramar, propuso al congreso la abolición gradual en pocos meses.

Los negreros de Cuba, ya asustados desde el primer proyecto de Moret, tenían en Madrid una delegación formidable por el soborno a que apelaban y a que han sido tan dóciles los empleados españoles. Secundados por algunos miembros de la grandeza española constituyeron en Madrid una Liga que por un momento asumió el carácter de un partido político, y, sobornando empleados subalternos, diputados y periódicos, hicieron guerra secreta y guerra abierta al proyecto de ley.

Los políticos se asustaron; pero como Amadeo insistía y las exigencias de los gabinetes inglés y americano eran cada vez más apremiantes, se resolvieron a jugar el todo por el todo.

Los republicanos, que habían callado en tanto que el proyecto no pasó de tal, se espantaron de dejar a los radicales del gobierno monárquico la gloria de una reforma tan trascendental, y el señor Castelar presentó una proposición en que se pedía pura y simplemente la abolición inmediata de la esclavitud.[1]

---

1   Véase de Castelar *La abolición de la esclavitud*, publicada por Linkgua. (N. del E.)

Pronunció un discurso de los suyos, en que hablando de todo, menos de la ley en discusión, y en que tomando y ampliando y aplicando a su capricho la teoría de los mediadores nacionales, inventada por Quinet para demostrar la necesidad de que Alsacia y Lorena fueran francesas, sacó partido para su fácil gloria. Dos días después, Amadeo se decretó la estimación de la Historia, renunciando a su corona de plomo.

El partido republicano, ya victorioso, empezó por aplazar la ley de abolición; pero urgido de nuevo por influencias exteriores, repuso en debate el proyecto atormentado. La que había sido necesario para los radicales cuando eran poder les pareció fuera de él un gran peligro y llovieron mociones radicales en contra de la abolición inmediata.

Era cuestión de vida o muerte para el gobierno republicano y se esforzó por reducir a ley aquel proyecto. Los conservadores, viéndose perdidos sin remedio, apelaron al último de sus recursos: se declararon tan abolicionistas como los republicanos, y halagando por medio del ex ministro Salaverría la vanidad del ministro de estado, le impusieron la enmienda contenida sustancialmente en el artículo segundo.

Los republicanos respiraron. Los negros de Puerto Rico no eran libres, pero ellos quedaban libres del pesado problema. Entonaron el hosanna de todos los salvados de un peligro, se declararon libertadores, llamaron a España la nación magnánima, grandes patriotas a todos los partidos y se lavaron las manos. Siempre se lavan las manos los que tienen sucia la conciencia.

Los habladores que han defraudado las esperanza de los esclavos y han engañado procazmente al mundo, presentándole como ley de abolición inmediata la ley en cuya virtud seguirán tres años más esclavizados los siervos de Puerto Rico, ¿son abolicionistas, han cumplido con su deber, han acatado los principios que intentan hacer triunfar?

Si hay alguien que responda afirmativamente, le deseo el pudor que le hace falta.

El día de América

Hoy, 12 de octubre, es cumpleaños del Nuevo Continente.

Hoy hace tantos años cuantos van transcurridos desde el 12 de octubre de 1492 hasta este día, que nació el Nuevo Mundo para la Historia de la Civilización y de la humanidad occidental.

En aquellas horas indecisas de la noche que convienen a la consumación de un acontecimiento extraordinario, porque simbolizan el tránsito de un día a otro día, distinguió en el espacio el ojo seguro de Colón, la luz que su razón profética había estado viendo en la soledad de la creencia combatida.

La luz afirmaba una realidad; la realidad científica que Colón había sostenido en vano: La Tierra es redonda.

Si no hubiera sido por esa convicción científica, el navegante genovés no hubiera emprendido su pavoroso viaje, ni llegado a un término de viaje tan incalculablemente superior al que se había propuesto, como era superior a la noción teológica del mundo, la noción positiva que lo había impulsado, sostenido y dirigido.

Sí: la Tierra era redonda como es, y por eso llegó Colón a donde no pensaba. Partiendo de oriente hacia occidente la misma redondez del planeta le hubiera llevado a la parte de oriente que buscaba: Colón había calculado bien, y sin duda alguna habría llegado a la India, si entre el punto de partida y el de término no hubiera habido un continente. Mas como, a pesar de Colón y los cosmógrafos, que creían un tercio menos de lo que es en realidad el diámetro de la Tierra, podía caber un continente en el espacio que el error de ellos suprimía, América estaba en su puesto y cortaba el paso al navegante.

Así fue cómo su fe en una verdad científica hizo a Colón el descubridor de dos trascendentes realidades: la una, el diámetro verdadero del planeta; la otra, el mundo nuevo que tantas verdades estaba llamado a proclamar, tantas novedades llamado a establecer, con tanta ciencia llamado a mejorar el orden material, con tanta cantidad de conciencia llamado a transformar el orden político y social.

Mañana, cuando esa nación de Europa se apodere del centenario del Descubrimiento para hacer alardes a que tan propicias son la vanidad y la necedad de las naciones, estallará sin duda en el mundo de los propagadores de ruido, aquel siempre póstumo, siempre tardío concierto de alabanzas que recompensa en la Historia los sacrificios de una vida: tiempo será entonces de hacer de Colón lo que no fue: hoy nos baste pensar de su grandeza que fue tanta, que nos dio un mundo nuevo cimentado en la Verdad. Y tomando como base de juicio la idea de que el descubrimiento de América se debe a la Verdad, consagremos el aniversario del nacimiento a pedir rápida cuenta del empleo de su vida a nuestra patria inmensa.

I

Lo primero que la historia del Continente nos señala con su índice, es la diferencia de vida resultante de la diferente aplicación de la Verdad, que se ve en la formación, desarrollo y existencia de las dos grandes porciones que geográfica e históricamente lo constituyen.

Mientras la una empieza por adoptar el régimen municipal y regional que conviene a una soberanía más exacta que la establecida en Europa, la otra fracción se somete a todos los errores políticos y administrativos que importó de Europa. En tanto que la una continúa la evolución del libre examen hasta llegar con los católicos de Maryland a la libertad de cultos y con los disidentes de Rhode Island a la separación de las órdenes temporal y espiritual, la otra fracción obedeció tan pasivamente a la contrarrevolución religiosa y filosófica, que ni siquiera se espanta de que le traigan la Inquisición. Al paso que la una rompe la atadura que embarazaba su desarrollo, y el mundo le es deudor de la democracia representativa, la más elevada concepción política y el régimen jurídico más poderoso a que los hombres han llegado, la otra fracción se hace independiente de una metrópoli incapaz, para hacerse dependiente de los errores políticos en que la había imbuido el coloniaje, y de las incoherencias doctrinales que resultaban alternativa o simultáneamente de la mala influencia de la Revolución Francesa y de la mal aprovechada influencia de la Revolución Americana. Una fracción, pensando en los deberes y en las responsabilidades de su desarrollo, reacciona previsoramente contra el exclusivismo, sacrifica leyes, instituciones, costumbres, modos ya tradicionales de su existencia colonial, y fabrica en la Federación la unidad nacional más extensa, más vigorosa, mejor articulada y más llena de fuerza orgánica que tiene el mundo: la otra fracción rompe la unidad

32

tradicional a que durante más de tres siglos había vivido sometida, y en vez de labrar con ella la base de una existencia una y varia, nacional y regional, fabrica una porción de nacioncitas sin vigor, que están predestinadas por su propio origen y por la misma necesidad de su existencia colectiva, a pasar por vicisitudes perturbadoras, antes de encontrar la base de equilibrio y de reposo que en el primer momento malograron.

II

No obstante la diferencia de conducta, desarrollo y carácter que se patentiza en la vida particular de cada una de las fracciones del Continente, comunes a ambos son los más trascendentales beneficios que debe la Humanidad al descubrimiento del Nuevo Mundo, puesto que del nacimiento de ese mundo nuevo se han derivado las transformaciones que desde entonces ha estado realizando la Civilización.

Si oportuno es este aniversario para indicar severamente las faltas de la gran vida colectiva que empezó en 1492, oportuno sea para enumerar con sobrio regocijo los bienes con que nuestro Continente de Colón ha contribuido al desenvolvimiento físico e intelectual de la Humanidad.

Así completaremos el examen de conciencia con que debemos consagrar éste y todos los grandes días de la patria continental.

III

En el momento de aventurarse el Descubridor en las «tinieblas» del Atlántico, este camino de la civilización yacía desierto. La humanidad no había sabido utilizar la fuerza civilizadora que, en el plan de la naturaleza, era él, como son todos los océanos. Tan pronto como Colón lo recorrió, el Atlántico fue un elemento de civilización. Este, el primero de los grandes beneficios con que saludó América a la Historia, desde el primer momento equivalió a un aumento de fuerza física para la Humanidad.

La aplicación, en grande escala, de la brújula, que solo había servido para tímidas experiencias de los chinos y para ineficaces experimentos de los mareantes del Mediterráneo; el examen de la desviación de la brújula, que substancialmente equivalió al descubrimiento del Polo magnético; la forma esferoidal del planeta y su diámetro efectivo, beneficios inmediatos son que, con solo nacer para la Historia, hizo a la ciencia el Nuevo Continente. Y como todas las varias consecuencias, así del orden material como intelectual, así sociales como religiosas, que han tenido en la vida humana aquellas verdades, son bienes reales para el Hombre, bienes han sido y son que debe a América.

La afectividad no debe a continente alguno el noble desarrollo y la portentosa cantidad de materia poética y estética que debe al Mundo Nuevo, donde una raza inocente es víctima de su inocencia en las Antillas; donde una raza, generosa por realmente valerosa, perece, defendiendo su inteligente civilización, en México; donde una raza benévola llora todavía, en las altiplanicies de los Andes bolivianos y peruanos, la asombrosa civilización a que quichuas y aymarás habían llegado bajo la conducta de los Incas; donde el prototipo del aborigen, el nobilísimo araucano, personifica con épico heroísmo la fuerza de resistencia opuesta a la invasión de hombres, instituciones, costumbres y gobiernos desconocidos, junto con la rápida apropiación de medios y recursos de ofensa y de defensa, para sostener su inquebrantable independencia.

El arte, que sigue en Europa manoseando formas viejas y manipulando estrechos moldes, tiene en la ante-historia, en el Descubrimiento, en la Conquista, en el Coloniaje, en la Independencia, en la variedad de razas, en la diversidad de tipos, en la compenetración de lo nuevo por lo viejo, en la transformación de lo viejo por lo nuevo, en la grandeza imponente del escenario y en el espíritu nuevo del actor, los elementos de una lírica descriptiva y subjetiva; de una dramática social o familiar, de una épica narrativa o filosófica que, una vez reunidos e incorporados por cultivadores profundos de cada una de esas ramas de la poesía, darán a la dulce admiración del mundo y a la plácida complacencia de la humanidad futura, una poesía completa, no solo porque recorrerá toda la variedad de formas y toda la variedad de géneros, sino porque la materia poética que está obligada a manejar y transformar, por ser más humana, es más universal.

Tres razas madres, la autóctona, la conquistadora y la africana, han regado con su sangre el Continente y han peleado y pelean en él la durísima lucha de la vida; y las otras dos ramas de la especie humana que en un principio no habían tomado parte en las agitaciones de nuestra vida, vienen, representadas por el paria de la India (el coolie) y por el desheredado de la China, a poblar de lamentos nuestra atmósfera. Los dolores de la raza aborigen, exterminada en las Antillas, peor que exterminada, envilecida y azotada en el Continente, desde los hielos del Canadá y las praderas del Far West hasta las soledades del Amazonas y las pampas de la Patagonia; las inquietudes de la raza civilizadora, responsable de una nueva civilización en el Norte, enferma de pasado en Centro y Sur; las angustias de la raza etiópica, así cuando gime bajo el látigo y la cadena del esclavo, como cuando la hacen solidaria de una civilización que no comprende; las agonías del paria y del chino, condenados a incesante trabajo, como la hormiga, y sañudamente perseguidos porque desarrollan en su trabajo barato las virtudes de la hormiga, no piden otra cosa que un alma verdadera de poeta, que condense en su sollozo el vario lamentar de esa humanidad adoptada por América, para producir la lírica más bella, más profunda, más racional y más humana.

La dramática miseranda que los dramaturgos europeos están reduciendo a crítica rimada de las malas costumbres europeas o a comentarios versificados de artículos de códigos penales, nacerá más persuasiva, más convincente, más ejemplar que fue en boca de los grandes poetas cómicos de China, Grecia, Roma, España, Francia, Inglaterra y Dinamarca: más lúgubre y patética que la hicieran Esquilo o Shakespeare, cuando haya en el Continente un poeta tan profundamente objetivo que reproduzca exactamente la completa realidad social del Continente; y tan noblemente subjetivo, que cuando salgan los personajes a la escena, se vea que salen de su conciencia.

Sin duda fueron grandes motivos épicos la evolución de la raza helénica que Homero o los homéridas cantaron; sin duda que fue grande el prototipo nacional que cantó el épico de Roma; sin duda que Allighieri, al consignar en su *Divina comedia* las evoluciones luctuosas de la Edad Media de Italia, consagró el pensamiento épico de una edad entera; sin duda que las luchas de las dos personificaciones soberanas del mal y el bien fueron una concepción épica tan sublime como el sublime ciego que le dio forma en *Paradise Lost*; sin duda que Klopstok acertó con una de las transformaciones más épicas de la sociedad occidental, cuando concibió y dio cima a la *Cristiada*; sin duda que los dos poemas dramáticos, de Goethe el más bello, de Byron el más épico, corresponden a la misma épica congoja del espíritu individual en todo tiempo; sin duda que, por encima de todos esos poemas, se levanta, como en la soledad ardiente del desierto líbico se eleva la pirámide de Cheops, aquella construcción monumental del *Ramayama* o aquella colosal conglomeración épica del *Mahabarata*; pero un día será cierto en la Historia de la Literatura universal, que el Descubrimiento, la Independencia, la vida compendiada de toda la humanidad en América y el ideal americano de una civilización universal, son elementos épicos tan superiores a todos los utilizados por los poetas épicos de Europa y Asia, como es más humana, más extensa, más completa la vida del Nuevo Continente.

Ya, aún sin llegar a completo desarrollo el embrión poético de América, Heredia, Bello y Matta, han comprendido la lírica descriptiva, como ningún europeo contemporáneo; Longfellow, Guido Spano y J. J. Pérez se han lanzado a la verdadera fuente de inspiración lírica, a llorar los dolores de la familia humana avecindada en América o nacida en ella; Olmedo encontró una personificación épica de América; y Ercilla, el buen Ercilla, la mejor personificación de las virtudes del carácter ibérico, empezó a realizar en *La Araucana*, la más justiciera de todas las concepciones épicas, uno de los fines que el poema debe realizar, no el endiosamiento de una familia humana, sino el entronizamiento de la justicia.

IV

Los servicios que, con solo ser venero de materia poética y estética, ha hecho a las Bellas Artes el Nuevo Continente, no pueden todavía pesar tanto en la gratitud del mundo, como los servicios que le ha hecho con la aplicación del vapor al movimiento, con la aplicación de la electricidad a la comunicación del pensamiento y los sentidos, o con la omnímoda aplicación de las ciencias a las artes de la vida, y es natural que estos servicios materiales sean mejor apreciados que aquellos servicios intelectuales y morales.

Pero lo incomprensible es que no sean en general bien apreciados los dos mayores beneficios que el Nuevo Continente ha hecho al porvenir de la Humanidad.

Esos dos beneficios, complemento el uno del otro, coinciden tan exactamente con el probable destino del Hombre en el planeta y con la secular tendencia de su naturaleza, que harán de América el centro de gravedad del mundo, el fundamento de todas las civilizaciones, el seno común de la Humanidad del porvenir.

Esos dos beneficios son el descubrimiento del océano Pacífico y el descubrimiento de la Federación.

El descubrimiento del Pacífico fue como un símbolo de la vida; la Federación fue como la expresión orgánica del símbolo. El camino del Pacífico era el camino del ideal americano; la fusión de las razas en una misma civilización. La Federación era la meta del ideal del Nuevo Mundo; la unión de todas las naciones.

Sean todos los 12 de octubre, día de conmemoración de ese ideal.

La educación científica de la mujer

Al aceptar nuestra primera base, que siempre será gloria y honra del pensador eminente que os la propuso y nos preside, todos vosotros la habéis meditado; y la habéis abarcado, al meditarla, en todas sus fases, en todas sus consecuencias lógicas, en todas sus trascendencias de presente y porvenir. No caerá, por lo tanto, bajo el anatema del escándalo el tema que me propongo desarrollar ante vosotros: que cuando se ha atribuido al arte literario el fin de expresar la verdad filosófica; cuando se le atribuye como regla de composición y de críticas el deber de conformar las obras científicas a los hechos demostrados positivamente por la ciencia, y el deber de amoldar las obras sociológicas o meramente literarias al desarrollo de la naturaleza humana, se ha devuelto al arte de la palabra, escrita o hablada, el fin esencial a que corresponde; y el pensador que en esa reivindicación del arte literario ha sabido descubrir la rehabilitación de esferas enteras de pensamiento, con solo esa rehabilitación ha demostrado la profundidad de su indagación, la alteza de su designio, y al asociarse a vosotros y al asociaros a su idea generosa, algo más ha querido, quería algo más que matar el ocio impuesto: ha querido lo que vosotros queréis, lo que yo quiero; deducir de la primera base las abundantes consecuencias que contiene.

Entre esas consecuencias está íntegramente el tema que desenvolverá este discurso.

Esta Academia quiere un arte literario basado en la verdad, y fuera de la ciencia no hay verdad; quiere servir a la verdad por medio de la palabra, y fuera de la que conquista prosélitos para la ciencia, no hay palabra; quiere, tiene que querer difusión para las verdades demostradas, y fuera de la propaganda continua no hay difusión; quiere, tiene que querer eficacia para la propaganda, y fuera de la irradiación del sentimiento no hay eficacia de verdad científica en pueblos niños que no han llegado todavía al libre uso de razón. Como el calor reanima los organismos más caducos, porque se hace sentir en los conductos más secretos de la vida, el sentimiento despierta el amor de la verdad en los pueblos no habituados a pensarla, porque hay una electricidad moral y el sentimiento es el mejor conductor de esa electricidad. El sentimiento es facultad inestable, transitoria e inconstante en nuestro sexo; es facultad estable, permanente, constante, en la mujer. Si nuestro fin

39

es servir por medio del arte literario a la verdad, y en el estado actual de la vida chilena el medio más adecuado a ese fin es el sentimiento, y el sentimiento es más activo y por lo tanto más persuasivo y eficaz en la mujer, por una encadenación de ideas, por una rigurosa deducción llegaréis, como he llegado yo, a uno de los fines contenidos en la base primera: la educación científica de la mujer. Ella es sentimiento: educadla, y vuestra propaganda de verdad será eficaz; haced eficaz por medio de la mujer la propaganda redentora, y difundiréis por todas partes los principios eternos de la ciencia; difundid esos principios, y en cada labio tendréis palabras de verdad; dadme una generación que hable la verdad, y yo os daré una generación que haga el bien; daos madres que lo enseñen científicamente a sus hijos, y ellas os darán una patria que obedezca virilmente a la razón, que realice concienzudamente la libertad, que resuelva despacio el problema capital del Nuevo Mundo, basando la civilización en la ciencia, en la moralidad y en el trabajo, no en la fuerza corruptora, no en la moral indiferente, no en el predominio exclusivo del bienestar individual.

Pero educar a la mujer para la ciencia es empresa tan ardua a los ojos de casi todos los hombres, que aquellos en quienes tiene luz más viva la razón y más sana energía la voluntad, prefieren la tiniebla del error, prefieren la ociosidad de su energía, a la lucha que impone la tarea y no seréis vosotros los únicos, señores, que al llevar al silencio del hogar las congojas acerbas que en todo espíritu de hombre destila el espectáculo de la anarquía moral e intelectual de nuestro siglo, no seréis vosotros los únicos que os espantéis de concebir que allí, en el corazón afectuoso, en el cerebro ocioso, en el espíritu erial de la mujer, está probablemente el germen de la nueva vida social, del nuevo mundo moral que en vano reclamáis de los gobiernos, de las costumbres, de las leyes. No seréis los únicos que os espantéis de concebirlo. Educada exclusivamente como está por el corazón y para él, aislada sistemáticamente como vive en la esfera de la idealidad enfermiza, la mujer es una planta que vegeta, no una conciencia que conoce su existencia; es una mimosa sensitiva que lastima el contacto de los hechos, que las brutalidades de la realidad marchitan; no una entidad de razón y de conciencia que amparada por ellas en su vida, lucha para desarrollarlas, las desarrolla para vivirlas, las vive libremente, las realiza. Vegetación, no vida; desarrollo fatal,

40

no desarrollo libre; instinto, no razón; haz de nervios irritables, no haz de facultades dirigibles; sístole-diástole fatal que dilata o contrae su existencia, no desenvolvimiento voluntario de su vida; eso han hecho de la mujer los errores que pesan sobre ella, las tradiciones sociales, intelectuales y morales que la abruman, y no es extraordinario que cuando concebimos en la rehabilitación total de la mujer la esperanza de un nuevo orden social, la esperanza de la armonía moral e intelectual, nos espantemos: entregar la dirección del porvenir a un ser a quien no hemos sabido todavía entregar la dirección de su propia vida, es un peligro pavoroso.

Y sin embargo, es necesario arrostrarlo, porque es necesario vencerlo. Ese peligro es obra nuestra, es creación nuestra; es obra de nuestros errores, es creación de nuestras debilidades; y nosotros los hombres, los que monopolizamos la fuerza de que casi nunca sabemos hacer justo empleo; los que monopolizamos el poder social, que casi siempre manejamos con mano femenina; los que hacemos las leyes para nosotros, para el sexo masculino, para el sexo fuerte, a nuestro gusto, prescindiendo temerariamente de la mitad del género humano, nosotros somos responsables de los males que causan nuestra continua infracción de las leyes eternas de la naturaleza. Ley eterna de la naturaleza es igualdad moral del hombre y de la mujer, porque la mujer, como el hombre, es obrero de la vida; porque para desempeñar ese augusto ministerio, ella como él está dotada de las facultades creadoras que completan la formación física del hombre-bestia por la formación moral del hombre-dios. Nosotros violamos esa ley, cuando reduciendo el ministerio de la mujer a la simple cooperación de la formación física del animal, le arrebatamos el derecho de cooperar a la formación psíquica del ángel. Para acatar las leyes de la naturaleza, no basta que las nuestras reconozcan la personalidad de la mujer, es necesario que instituyan esa personalidad, y solo hay personalidad en donde hay responsabilidad y en donde la responsabilidad es efectiva. Más lógicos en nuestras costumbres que solemos serlo en las especulaciones de nuestro entendimiento, aún no nos hemos atrevido a declarar responsable del desorden moral e intelectual a la mujer, porque, aún sabiendo que en ese desorden tiene ella una parte de la culpa, nos avergonzamos de hacerla responsable. ¿Por magnanimidad, por fortaleza? No; por estricta equidad, porque si la mujer es cómplice de

41

nuestras faltas y copartícipe de nuestros males, lo es por ignorancia, por impotencia moral; porque la abandonamos cobardemente en las contiendas intelectuales que nosotros sostenemos con el error, porque la abandonamos impíamente a las congojas del cataclismo moral que atenebra la conciencia de este siglo. Reconstituyamos la personalidad de la mujer, instituyamos su responsabilidad ante sí misma, ante el hogar, ante la sociedad; y para hacerlo, restablezcamos la ley de la naturaleza, acatemos la igualdad moral de los dos sexos, devolvamos a la mujer el derecho de vivir racionalmente; hagámosle conocer este derecho, instruyámosla en todos sus deberes, eduquemos su conciencia para que ella sepa educar su corazón. Educada en su conciencia, será una personalidad responsable: educada en su corazón, responderá de su vida con las amables virtudes que hacen del vivir una satisfacción moral y corporal tanto como una resignación intelectual.

¿Cómo?

Ya lo sabéis: obedeciendo a la naturaleza. Más justa con el hombre que lo es él consigo mismo, la naturaleza previó que el ser a quien dotaba de la conciencia de su destino, no hubiera podido resignarse a tener por compañera a un simple mamífero; y al dar al hombre un colaborador de la vida en la mujer, dotó a ésta de las mismas facultades de razón y la hizo colaborador de su destino. Para que el hombre fuera hombre, es decir, digno de realizar los fines de su vida, la naturaleza le dio conciencia de ella, capacidad de conocer su origen, sus elementos favorables y contrarios, su trascendencia y relaciones, su deber y su derecho, su libertad y su responsabilidad; capacidad de sentir y de amar lo que sintiera; capacidad de querer y realizar lo que quisiera; capacidad de perfeccionarse y de mejorar por sí mismo las condiciones de su ser y por sí mismo elevar el ideal de su existencia. Idealistas o sensualistas, materialistas o positivistas, describan las facultades del espíritu según orden de ideas innatas o preestablecidas, según desarrollo del alma por el desarrollo de los sentidos, ya como meras modificaciones de la materia, ya como categorías, todos los filósofos y todos los psicólogos se han visto forzados a reconocer tres órdenes de facultades que conjuntamente constituyen la conciencia del ser humano, y que funcionando aisladamente constituyen su facultad de conocer, su facultad de sentir, su facultad de querer. Si estas facultades están con diversa intensidad repartidas en

42

el hombre y la mujer, es un problema; pero que están total y parcialmente determinando la vida moral de uno y otro sexo, es un axioma: que los positivistas refieran al instinto la mayor parte de los medios atribuidos por los idealistas a la facultad de sentir; que Spinoza y la escuela escocesa señalen en los sentidos la mejor de las aptitudes que los racionalistas declaran privativas de la razón; que Krause hiciera de la conciencia una como facultad de facultades; que Kant resumiera en la razón pura todas las facultades del conocimiento y en la razón práctica todas las determinaciones del juicio, importa poco, en tanto que no se haya demostrado que el conocer, el sentir y el querer se ejercen de un modo absolutamente diverso en cada sexo. No se demostrará jamás, y siempre será base de la educación científica de la mujer la igualdad moral del ser humano. Se debe educar a la mujer para que sea ser humano, para que cultive y desarrolle sus facultades para que practique su razón, para que viva su conciencia, no para que funcione en la vida social con las funciones privativas de mujer. Cuanto más ser humano se conozca y se sienta, más mujer querrá ser y sabrá ser.

Si se me permitiera distribuir en dos grupos las facultades y las actividades de nuestro ser, llamaría conciencia a las primeras, corazón a las segundas, para expresar las dos grandes fases de la educación de la mujer y para hacer comprender que si la razón, el sentimiento y la voluntad pueden y deben educarse en cuanto facultades, solo pueden dirigirse en cuanto actividades: educación es también dirección, pero es externa, indirecta, mediata, extrapersonal; la dirección es esencialmente directa, inmediata, interna, personal. Como ser humano consciente, la mujer es educable; como corazón, solo ella misma puede dirigirse. Que dirigirá mejor su corazón cuando esté más educada su conciencia; que sus actividades serán más saludables cuanto mejor desenvueltas estén sus facultades, es tan evidente y es tan obvio, que por eso es necesario, indispensable, obligatorio, educar científicamente a la mujer.

Ciencia es el conjunto de verdades demostradas o de hipótesis demostrables, ya se refieran al mundo exterior o al interior, al yo o al no-yo, como dice la antigua metafísica; comprenden por lo tanto, todos los objetos de conocimiento positivo e hipotético, desde la materia en sus varios elementos, formas, transformaciones, fines, necesidades y relaciones, hasta el espíritu en sus múltiples aptitudes, derechos, deberes, leyes, finalidad y progresiones; desde el ser hasta el no-ser; desde el conocimiento de las evoluciones de los astros hasta el conocimiento de las revoluciones del planeta; desde las leyes que rigen el universo físico hasta las que rigen el mundo moral; desde las verdades axiomáticas en que está basada la ciencia de lo bello, hasta los principios fundamentales de la moral; desde el conjunto de hipótesis que se refieren al origen, transmigración, civilización y decadencia de las razas, hasta el conjunto de hechos que constituyen la sociología.

Esta abrumadora diversidad de conocimientos, cada uno de los cuales puede absorber vidas enteras y en cada uno de los cuales establecen diferencias, divisiones y separaciones sucesivas el método, el rigor lógico y la especialización de hechos, de observaciones y de experimentaciones que antes no se habían comprobado, esta diversidad de conocimientos está virtualmente reducida a la unidad de la verdad, y se puede, por una sencilla generalización, abarcar en una simple serie. Todo lo cognoscible se refiere necesaria y absolutamente a alguno de nuestros medios de conocer. Conocemos por medio de nuestras facultades, y nuestras facultades están de tan íntimo modo ligadas entre sí, que lo que es conocer para las unas es sentir para las otras y querer para las restantes; y a veces la voluntad es sentimiento y conocimiento, y frecuentemente el sentimiento suple o completa e ilumina a la facultad que conoce y a la que realiza. Distribuyendo, pues, toda la ciencia conocida en tantas categorías cuantas facultades tenemos para conocer la verdad, para amarla y para ejercitarla, la abarcaremos en su unidad trascendental, y sin necesidad de conocerla en su abundante variedad, adquiriremos todos sus fundamentos, en los cuales, hombre o mujer, podemos todos conocer las leyes generales del universo, los caracteres propios de la materia y del espíritu, los fundamentos de la sociabilidad, los principios necesarios de derecho, los motivos, determinaciones y elementos de lo bello, la esencia y la necesidad de lo bueno y de lo justo.

Todo eso puede saberlo la mujer, porque para todos esos conocimientos tiene facultades; todo eso debe saberlo, porque sabiendo todo eso se emancipará de la tutela del error y de la esclavitud en que la misma ociosidad de sus facultades intelectuales y morales la retienen. Se ama lo que se conoce bello, bueno, verdadero; el universo, el mundo, el hombre, la

44

sociedad, la ciencia, el arte, la moral, todo es bello, bueno y verdadero en sí mismo; conociéndolo todo en su esencia, ¿no sería todo más amado? Y habiendo necesariamente en la educación científica de la mujer un desenvolvimiento correlativo de su facultad de amar, ¿no amaría más conociendo cuanto hoy ama sin conocer? Amando más y con mejor amor, ¿no sería más eficaz su misión en la sociedad? Educada por ella, conocedora y creadora ya de las leyes inmutables del universo, del planeta, del espíritu, de las sociedades, libre ya de las supersticiones, de los errores, de los terrores en que continuamente zozobran su sentimiento, su razón y su voluntad, ¿no sabría ser la primera y la última educadora de sus hijos, la primera para dirigir sus facultades, la última para moderar sus actividades, presentándoles siempre lo bello, lo bueno, lo verdadero como meta? La mujer es siempre madre; de sus hijos, porque les ha revelado la existencia; de su amado, porque le ha revelado la felicidad; de su esposo, porque le ha revelado la armonía. Madre, amante, esposa, toda mujer es una influencia. Armad de conocimientos científicos esa influencia, y soñad la existencia, la felicidad y la armonía inefable de que gozaría el hombre en el planeta, si la dadora, si la embellecedora, si la compañera de la vida fuera, como madre, nuestro guía científico; como amada, la amante reflexiva de nuestras ideas, y de nuestros designios virtuosos; como esposa, la compañera de nuestro cuerpo, de nuestra razón, de nuestro sentimiento, de nuestra voluntad y nuestra conciencia. Sería hombre completo. Hoy no lo es.

El hombre que educa a una mujer, ése vivirá en la plenitud de su ser, y hay en el mundo algunos hombres que saben vivir su vida entera; pero ellos no son el mundo, y el infinito número de crímenes, de atrocidades, de infracciones de toda ley que en toda hora se cometen en todos los ámbitos del mundo, están clamando contra las pasiones bestiales que la ignorancia de la mujer alienta en todas partes, contra los intereses infernales que una mujer educada moderaría en el corazón de cada hijo, de cada esposo, de cada padre.

Esta mujer americana, que tantas virtudes espontáneas atesora, que tan nobles ensueños acaricia, que tan alta razón despliega en el consejo de familia y tan enérgica voluntad pone al infortunio, que tan asombrosa perspicacia manifiesta y con tan poderosa intuición se asimila los conocimientos que el aumento de civilización diluye en la atmósfera intelectual de nuestro siglo; esta mujer americana, tan rebelde por tan digna, como dócil y educable por tan buena, es digna de la iniciación científica que está destinada a devolverle la integridad de su ser, la libertad de su conciencia, la responsabilidad de su existencia. En ella más que en nadie es perceptible en la América Latina la trascendencia del cambio que se opera en el espíritu de la humanidad, y si ella no sabe de dónde viene la ansiosa vaguedad de sus deseos, a dónde van las tristezas morales que la abaten, dónde está el ideal en que quisiera revivir su corazón, antes marchito que formado, ella sabe que está pronta para bendecir el nuevo mundo moral en donde, convertida la verdad en realidad, convertida en verdad la idea de lo bello; convertida en amable belleza la virtud, las tres Gracias del mito simbólico descienden a la tierra y enlazadas estrechamente de la mano como estrechamente se enlazan la facultad de conocer lo verdadero, la facultad de querer lo justo, la facultad de amar lo bello, ciencia, conciencia y caridad se den la mano.

El cholo

El Nuevo Mundo es el horno donde han de fundirse todas las razas, donde se están fundiendo.

La obra es larga, los medios lentos; pero el fin será seguro.

Fundir razas es fundir almas, caracteres, vocaciones, aptitudes. Por lo tanto, es completar. Completar es mejorar.

La ciencia que se ocupa de las razas, Etnología, está dividida en dos campos: el de los pesimistas y el de los optimistas. Como de costumbre los pesimistas son tradicionalistas, autoritarios, protestantes del progreso. Los optimistas son racionalistas, liberales, creyentes del progreso.

Los etnólogos pesimistas sostienen que fundir es pervertir; fusión de razas, perversión de razas. Se funden los elementos malos —dicen.

Los etnólogos optimistas afirman que fusión es progresión. Se funden los elementos buenos —aseguran.

El efecto producido fue de vivo interés.

Era indudable que aquel hombre era el tipo de un cruzamiento, el ejemplar de una mezcla, el producto de dos razas.

¿En dónde estaban las razas productoras de él?

Me fijé en el alma de la cara, me fijé en los ojos. Perplejidad completa. El ojo negro es común a los indios y blancos. Pero si los ojos son el alma de la cara y el alma es expresión del individuo, en esos ojos, negros como los ibéricos —me dije—, debe haber algún distintivo. Lo había; la mirada, melancólica, como la vida soñadora de los pueblos primitivos, como las ideas de los pueblos conquistados, como los sentimientos de las naciones que lloran grandezas, ya pasadas, era símbolo vivo de la raza indígena. Aquella mirada contaba, sin saberlo, la historia desesperante de los indios. La raza india predominaba en los ojos.

Los primeros argumentan en hechos arbitrarios. Hacen abstracción de circunstancias sociales y políticas, aíslan al hombre de las influencias físicas, morales e intelectuales que pesan sobre él, y triunfan de la irreflexión, gritando: «Los mestizos son débiles de cuerpo y alma dondequiera que hay mestizos».

Un etnólogo racionalista argumenta con la razón. Prescinde del hecho del momento, lo atribuye a las circunstancias que lo determinan, lo liga a las influencias, sociales, políticas, económicas, morales, que lo crean, y triunfan de la reflexión diciendo: «Los mestizos serán, aunque hoy no sean, el conjunto de fuerzas físicas y morales de las razas madres».

América deberá su porvenir a la fusión de razas; la civilización deberá sus adelantos futuros a los cruzamientos. El mestizo es la esperanza del progreso.

Y al primero que vi, lo contemplé con aquella reverencia cariñosa que tiene mi alma para todo lo que puede ser un bien.

El primero que vi era un cholo recién exportado de la sierra.

Era un hombre como los 1.000 que se ven por esos valles. Estatura regular, musculatura enérgica, cráneo desarrollado, frente ancha, ojos intensamente negros, pómulos salientes, nariz aguileña, boca grande, cabellera abundante, barba rara, color bronceado, actitud indecisa entre humilde y soberbia; aspecto agradable. No era bello pero era sano.

¿Cuál de las dos predominaba en la frente? La raza europea.

El ángulo facial del indio es más agudo, los senos de su frente menos bastos, la depresión de sus sienes es mayor.

El indio reaparecería en los pómulos. En la nariz, el europeo. El color denunciaba la raza americana; el contorno del cráneo, a la caucásica.

Estaba inquieto.

En todo problema social busco yo el triunfo de la justicia: no concibo el triunfo de la justicia en el Nuevo Continente sino mediante la rehabilitación de la raza abrumada por la conquista, envilecida por el coloniaje, desamparada por la Independencia, y esa rehabilitación me parece imposible en tanto que la fusión no dé por resultado una raza que, poseedora de la inteligencia de los conquistadores, tenga también la sensibilidad de los conquistados y aquella voluntad intermedia, enérgica para el bien, pasiva para el mal, producto de una gran inteligencia y una gran sensibilidad que puede darse por la fusión de los caracteres definitivos de las razas europeas y la americana.

Para mí, el cholo no es un hombre, no es un tipo, no es el ejemplar de la raza; es todo eso, más una cuestión social de porvenir.

Si el cholo, en el cual predominan las cualidades orgánicas de la raza india, la gran cualidad moral de esa noble raza, abatida pero no vencida por la conquistadora, abrumada pero no sometida por el coloniaje, desenvuelve

48

la fuerza intelectual que ha recibido de la raza europea, el cholo será un miembro útil, activo, inteligente, de la sociedad peruana; mediador natural entre los elementos de las dos razas que representa, las atraerá, promoverá aún más activamente su fusión, y la raza intermedia que él anuncia, heroicamente pasiva como la india, activamente intelectual como la blanca, alternativamente melancólica y frívola como una y otra, artística por el predominio del sentimiento y de la fantasía en ambas razas, batalladora como las dos, como las dos independiente en su carácter, formará en las filas del progreso humano, y habrá reparado providencial las iniquidades cometidas con una de sus razas madres.

Entonces, los cholos, sin dejar de ser aptos para la guerra justa, dejarán de ser instrumentos de guerra; sin dejar de ser sencillos, dejarán de ser esclavos de su ignorancia y candor.

Entonces no se regalarán cholos como se regalan chotos, y el hijo de un hombre será más respetado que el de un toro.

Para eso ¿qué debe hacerse?

Lo que siempre, seguir a la naturaleza.

Ella ha mezclado las cualidades orgánicas, morales y mentales, de tal modo y en tales proporciones, que el producto de las razas cruzadas tenga todos los elementos buenos de ambas; pero el carácter interior y el aspecto exterior de la raza que más ha padecido.

Educar, desarrollar por la educación esas cualidades, secundar los esfuerzos de la naturaleza, preparar para su próximo destino al que ha de ser pueblo de esta sociedad, ése es el deber.

Hoy no se cumple.

Ayacucho

Cuando el tiempo haya pasado por encima de la leyenda, y destruídola; cuando al irreflexivo vivir de sociedades que se forman, haya sucedido el vivir reflexivo de sociedades ya formadas; y los hombres y las ideas, los acontecimientos y los principios, los medios y los fines, las causas y los efectos tengan el valor limitado que la razón colectiva les dará, en vez del ilimitado, exclusivo, apasionado e inseguro que les da la fantasía individual; cuando empiece para la América colombiana la existencia completa, de total desarrollo de sus fuerzas físicas morales y mentales; de armónica consideración de su pasado, su presente y su futuro; en pocas palabras, cuando pueda haber historia de América, Ayacucho será más que una gloria, será un servicio.

Dejará de ser una gloria de estos pueblos para ser un servicio de la humanidad. Dejará de ser un hecho para ser un derecho. Dejará de ser una promesa, para ser un compromiso.

I

El ideal cristiano no cabía en la unidad católica, y la rompió. El ideal social no cabía en la unidad monárquica, y la rompió. El ideal del progreso no cabía en la unidad territorial, y la rompió.

Cada uno de estos rompimientos era una necesidad, es una gloria, y será un adelanto del espíritu humano. A cada uno de ellos ha correspondido una revolución, una evolución y una conquista.

El sentimiento religioso produjo la revolución protestante en Alemania, en los Países Bajos, en Suecia, en Inglaterra y Francia; la evolución filosófica de las sociedades europeas, la conquista de la independencia para la conciencia y la razón universal. El rompimiento político produjo la revolución inglesa y la Revolución Francesa, la evolución de la sociedad europea hacia un estado social basado en el trabajo, en la justicia y en la libertad; la conquista de los derechos individuales. El rompimiento territorial produjo una revolución colonial en Norteamérica y otra revolución colonial en Sudamérica; la evolución de las sociedades coloniales hacia la posesión absoluta de sí mismas; la conquista de la independencia territorial, la política y social.

Los rompimientos europeos eran una necesidad, porque sin libertad no hay vida, y, esclavitud en su conciencia, en su voluntad y en sus afectos, Europa moría encerrada en las tres unidades de religión, de rey y de régimen despótico. Son una gloria, porque todos ellos han ejercitado las facultades más activas, los sentimientos más generosos, la voluntad más sana de los pueblos.

Serán un progreso, porque de todos ellos se producirá, se está produciendo una humanidad más inteligente, más concienzuda, más moral.

Los rompimientos americanos eran una necesidad, porque sin independencia no hay dignidad, y América moría en la indignidad de una dependencia sofocante.

Son una gloria, porque todos esos rompimientos han puesto en actividad las fuerzas poderosas, los deseos sacrosantos, las ideas reformadoras de una humanidad más joven, sana, renovadora, que ha traído nuevos factores a la sociedad, nuevos principios a la moral, nuevos problemas a las ciencias políticas y naturales, nuevos estímulos a la civilización, nueva savia a la vida universal.

Serán un progreso, porque el día en que esos rompimientos hayan elaborado las consecuencias radicales que buscaban, la civilización fijará sus reales en el Nuevo Continente, y siendo esa civilización más completa, más humana, por ser más completa, la humanidad vivirá mejor que ha vivido, la ciencia tendrá más horizontes que descubrir, la conciencia más leyes que acatar.

II

Para romper la cadena que ligaba una sociedad naciente a otra sociedad agonizante; para hacer dueños de Colombia a los colombianos; árbitro de su destino al continente colombiano; posesión de la industria y del trabajo libre a la tierra esclavizada; tribunal de su fe a la conciencia individual; juez de todo, hombre sin Dios, naturaleza y sociedad, a la razón humana; organismo de derecho a la libertad individual, organismo de libertades al derecho social y nacional; sistema científico a las instituciones políticas, administrativas y económicas; sistema filosófico a las instituciones sociales y morales; para unir a todas las razas en el trabajo, en la libertad, en la igualdad y en la justicia; para ligar todos los pueblos de una raza, de una lengua, de una tradición, de unas costumbres, para eso fue Ayacucho.

III

Ayacucho no es el esfuerzo de un solo pueblo; es el esfuerzo de todos los pueblos meridionales del Continente; no es el resultado de una lucha parcial, es el resultado de una lucha general; no es la victoria de un solo ejército, es la victoria de todos los ejércitos sudamericanos; no es el triunfo militar de un solo capitán, es el triunfo intelectual de todos los grandes capitanes, desde la fantasía fascinadora que se llamó Bolívar hasta la conciencia impasible que se llamó San Martín; no es el campo de batalla de peruanos y españoles, es el campo de batalla de América y España; no es la colisión de dos contrarios, es la última colisión de un porvenir contra otro porvenir; no es la batalla de una guerra, es la batalla decisiva de una lucha secular.

A los ojos de una historia filosófica, Ayacucho empezó en 1533. A los ojos de la crítica, Ayacucho empezó en 1810. Solo a los mal abiertos de la narrativa empezó y acabó el 9 de diciembre de 1824.

1533-1810-1824, tres cifras que compendian la historia colonial de Sudamérica; proporción aritmética que sintetiza una proporción social, política, moral e intelectual. 1533 es a 1810, como 1810 es a 1824, porque la conquista aniquiladora debía producir una revolución proporcional a ella, y la revolución debía un triunfo proporcional a sus inmensos fines.

La civilización, que necesitaba más espacio, descubrió un nuevo mundo. Entregó a España medio mundo, y en vez de civilizarlo, de educarlo, de prepararlo para su altísimo destino, España lo oprimió. Esta es la historia de 1533 a 1810. El progreso, que por medio del vapor, iba a disminuir el espacio, y por medio de la electricidad iba a anularlo, necesitaba sociedades nuevas para impulsos nuevos y reconquistó de España el medio mundo que erróneamente le había confiado.

La historia que empieza en las aventuras de Ojeda, de Pinzón, de Juan de la Cosa y de Ponce de León; en el épico descubrimiento del Pacífico; en el incendio heroico de las naves y en las dramáticas astucias de Tlaxcala; en el pacto ridículo-sublime de Pizarro, Almagro y Luque, dos soldados, un fraile y ningún hombre; en la escena grandiosa de la isla del Gallo; en la sangrienta traición de Cajamarca; en la exploración monumental de Gonzalo Pizarro; en el descubrimiento casual de Valdivia; en la matanza universal de indios, en la feroz imposición de una creencia; en la voraz avidez de plata y oro; en el quinto real, en los diezmos, en la capitación, en la mita, en las encomiendas, en los acotamientos, en las misiones, en la substitución del esclavo indio con el africano esclavo, en el privilegio de castas, en el monopolio de empleos y funciones; la historia que empieza en la lucha latente de todos los elementos sociales, que es igual a sí misma desde 1492 hasta 1870, siempre opresión, siempre opresión, siempre opresión, debía producir una revolución total y un triunfo universal.

Produjo la revolución total. Desde México hasta Chile, desde el Plata al Orinoco, desde el Misti al Chimborazo, desde Bogotá hasta Guatemala, desde el territorio que pueblan los mosquitos hasta el que recientemente ha inmortalizado el heroísmo de la raza guaraní.

Produjo el triunfo universal. De naciones, de razas, de principios, de derechos, de moral, de justicia, de igualdad, de libertad.

Y para que las cifras correspondan absolutamente al movimiento que simbolizan, y para que las consecuencias de 1824 equivalgan a los principios de 1810 y a la premisa de 1533, el triunfo fue en un día, en un lugar y para todos, como de todos había sido en trescientos lugares y en trescientos años de opresión.

IV

Ayacucho es, pues, más que una gloria de estos pueblos, más que un servicio hecho al progreso, más que un hecho resultante de otros hechos, más que un derecho conquistado, más que una promesa hecha a la historia y a los contemporáneos de que los vencedores en el campo de batalla eran la civilización contra el quietismo, la justicia contra la fuerza, la libertad contra la tiranía, la república contra la monarquía; Ayacucho es un compromiso contraído por toda la América que dejó de ser española en aquel día.

Venezolanos y argentinos, neogranadinos y peruanos, ecuatorianos y chilenos, mexicanos y antillanos, llaneros, gauchos, pastusos, cholos, federalis-

54

tas, unitarios, conservadores, radicales, los combatientes del primer día en Angosturas, en Carabobo, en Casanare, en San José, en Cataguata, en San Lorenzo; los combatientes de los últimos días, en Ríobamba, en Pichincha y en Junín, cuantos elementos etnográficos, políticos, militares y morales constituían la sociedad americano-colombiana, todos estuvieron unidos, confundidos, hermanados en la hora suprema de Ayacucho: todos derramaron su sangre generosa, todos tomaron el paso de triunfadores, en nombre de la independencia de toda la América Latina, y a la voz de un sentimiento unánime: la unión perpetua de los pueblos aliados por la desgracia y la victoria. Si nadie hubiera dicho en aquel día que aquella primera aurora de la independencia era también la primera de la confederación, el mundo y la historia, la necesidad y el interés lo habrían dicho.

Los dos pueblos que empezaron la tarea gloriosa, antes de concluirla para sí, la emprendieron en favor de sus hermanos. Aún no era independiente Venezuela, cuando ya combinaba sus fuerzas con las de Nueva Granada, y, después de aniquilar las españolas al partido peninsular, que se rehacían, emprendió su marcha triunfal hacia Caracas. Aún era insegura la independencia de las provincias unidas de la Plata, cuando ya los granaderos de a caballo y los artilleros de los Andes acompañaban desde Cuyo a los emigrados chilenos, y en Chacabuco y en Maipú, les devolvían la patria.

¿En qué pensaban los dos hombres más poderosos que creó la revolución? En la revolución total de todos los pueblos colombianos y en la unión como efecto de la lucha.

Cuando los más firmes vacilaban, y toda Venezuela sometida se abandonaba al dolor de una impotencia, los pocos que huían con Bolívar, declararon demente al grande hombre. ¿Por qué? Porque fijo su espíritu en el fin predominante, se olvidaba del presente por antever el porvenir, y desde aquellos días tenebrosos, vislumbraba los radiantes días en que, emancipadas del yugo común por su común esfuerzo, todas las sociedades colombianas, todos sus gobiernos formaran una liga permanente.

Cuando alboreaban para él los días de triunfo, ¿por qué se sustrajo San Martín al triunfo, y dimitió el mando del ejército argentino, y se retiró a Cuyo, y vivió en solitaria incubación de su ideal? Porque aquel espíritu sano, quizá el más sano de cuantos produjo aquella revolución desinfectante, buscaba el triunfo de su idea, pensaba en América más que en sí, quería la dilatación de Buenos Aires a Chile y al Perú, y comprendía, como Bolívar, que solo la independencia de todos era seguridad para la independencia de cada uno de los pueblos, que solo de la unión de todos ellos surgirían la estabilidad, la libertad y la paz.

¿Por qué se confederaron Venezuela, Nueva Granada y el Ecuador? ¿Por qué se ligaron el Perú y Bolivia? ¿Por qué se unieron las cinco repúblicas centrales?

¿Qué grande hombre, estadista o guerrero, poeta o pensador, produjo aquella salvadora convulsión, qué grande hombre, para quien no fuera ideal el más amado la confederación de los gobiernos y de todos los pueblos colombianos?

¿A qué voz del sentimiento, a qué estímulo del pensamiento respondían más enérgicamente estos pueblos, que al estímulo y a la voz persuasiva de la unión?

La misma Europa, que apenas se había incorporado en su lecho de espinas para celebrar y venerar el movimiento de estas sociedades, ¿por qué se electrizó con la electricidad que comunica toda idea sublime, cuando oyó que los pueblos recién desuncidos del yugo español se congregaban para pactar su unión en Panamá? Porque la idea salvadora de la unión era sublime, porque el hecho que el Congreso realizaba era sublime.

V

Y sin embargo, hoy, 9 de diciembre de 1870, cuarenta y seis años después de la batalla de América contra España, el triunfo de aquella batalla no es completo, el compromiso contraído en el campo de Ayacucho por todos los pueblos en él representados, no se ha cumplido todavía. ¡Todavía no hay una Confederación Sudamericana! ¡Todavía hay pueblos americanos que combaten solitariamente contra España! ¡Todavía hay repúblicas desgarradas por las discordias civiles! ¡Todavía no tienen fuerza internacional las sociedades y los gobiernos colombianos! ¡Todavía puede un imperio atentar alevemente contra México! ¡Todavía puede otro imperio destrozarnos impunemente al Paraguay!

En tanto que esto suceda, imperativamente os lo ordena la conciencia americana, celebradores de Ayacucho, no, no celebréis la victoria sacrosanta.

Enlazados los pueblos que ella creó definitivamente, encaminándose unidos hacia el porvenir, tienen derecho; separados, ¡no! Aquélla no fue la victoria de una u otra parcialidad del Continente, fue la victoria suprema de toda la América, y solo cuando la política obedezca a la geografía, la realidad a la necesidad, la consecuencia a la premisa, solo entonces será lógico el sagrado regocijo.

Entonces el Continente se llamará Colombia, en vez de no saber cómo llamarse; en vez de ser la patria de peruanos, chilenos, argentinos, mexicanos; cada república, independiente en sí misma, concurrirá con todas las demás al gobierno internacional de todas, y el poder exterior que no ha logrado crear la fuerza individual de cada una de las naciones constituidas, lo impondrá eficazmente la fuerza colectiva.

Entonces, cumplido el compromiso, será un derecho el aniversario de Ayacucho; entonces, la historia vigilante, contemplando en la confederación permanente de la paz el resultado de la confederación momentánea de la guerra, verá que es buena, e inscribirá la fecha de Ayacucho entre las solemnidades de la religión infalible del progreso.

Es poesía tener ojos en la cara

—¿No le cansa a usted el mar?

—No señor; me encanta.

—Es una cosa tan pesada: ¡Cielo y mar, cielo y mar...! Siempre lo mismo.

—¿Lo mismo? Discúlpeme, pero yo creo que usted no ve bien. ¿Es lo mismo el cielo de estas horas calurosas en que lo enciende el Sol, que el cielo de la mañana, que el cielo de la tarde? ¿Los amaneceres, los ocasos, los nublados, son lo mismo? ¿Ese mar tan igual en apariencia, es lo mismo, tranquilo como está, que cuando está colérico? ¿No ha observado usted las calmas...?

—Todo eso es poesía.

—¿Qué...? ¿Es poesía tener ojos en la cara...? Usted tiene razón, eso es poesía. Para ver ciertas cosas se necesitan ojos que sepan mirar.

Hamlet

Introducción

Vamos a asistir a una revolución. Hamlet es una revolución.

Como hay un desarrollo en la naturaleza, hay un desarrollo en el espíritu. La idea es tan evidente, que la concibe el mismo irreflexivo Laertes cuando, en vez de amparar a Ofelia con su amor de hermano la aconseja: For nature, crescent does not grow alone... etc. «Que la naturaleza, al desarrollarse, no se desarrolla solamente en músculos y en órganos; sino que, como crece el templo en que residen, crecen también las funciones de la mente y del espíritu.»

Como hay un progreso colectivo, hay un progreso individual. Y así como el uno se manifiesta por medio de luchas, de dolores, de sacrificios y de sangre; así el otro se manifiesta por medio de luchas, de dolores, de sacrificios y de lágrimas.

Cada progreso es consecuencia de una revolución en una idea o en un afecto de la humanidad. Cada revolución es el conato de un progreso en los afectos o en las ideas de los hombres.

Una sociedad se emancipa o se subyuga, y triunfa o sucumbe el progreso social. Un individuo triunfa o sucumbe y el progreso individual se realiza o se abandona.

Un alma en crisis; un espíritu en progreso, una revolución moral; una lucha interior para hacer triunfar un progreso del ser en el ser mismo; el cataclismo de un alma: ese es el espectáculo más digno que puede ofrecerse a la conciencia humana. Este es el espectáculo que Shakespeare nos ofrece en Hamlet.

Generalidades

Como en todas las obras del delicadísimo psicólogo hay en El príncipe de Dinamarca un atractivo superior al de la fábula: el de los caracteres. Shakespeare no crea una acción para adaptarle personajes; crea hombres, seres humanos, cuyo carácter determinado, positivo, consecuente, origina la acción.

Más de una vez se encuentran personajes ociosos en las tragedias del autor-actor: nunca, por ocioso que sea, deja ese personaje de ser un hombre, un individuo, un carácter, ya personal, ya genérico.

El manso Moratín, que se hizo iracundo para traducir y comentar a Hamlet; y el iracundo Goethe que se hizo manso para resolver ese ya secular problema de arte, creen que hay en Hamlet muchos personajes inútiles, como dice con rabia el académico, que podrían combinarse con otros, como pensaba con temor respetuoso el clásico-romántico de Goetz y de Werther.

Cuando el primero quiere suprimir a los sepultureros, quiere suprimir toda una especie. Cuando el segundo piensa en combinar en una sola personalidad los caracteres de Rosencrantz y Guildenstern, encuentra en ellos tanta fuerza de individualidad, que no se atreve a tocarlos.

Y eso, que Rosencrantz y Guildenstern son meras personificaciones de un vicio: la cortesanía servil. Pero se completan tan admirablemente el uno por el otro, caracteriza tan adecuadamente cada uno de ellos una fisonomía del vicio que el autor zahiere, que la acumulación de esos dos caracteres en uno solo falsearía el defecto criticado. No todos los accidentes y pormenores de un vicio o un defecto moral caben en un solo hombre, porque el hombre modifica sus defectos y sus vicios según su modo individual de ser. Por perfecto que sea un hombre en su defecto o en su vicio dominante, el vicio o el defecto no forman todo el hombre. Al lado de la parte mala está la buena, y, desdichadamente, al lado de un vicio ridículo, está muchas veces el vicio repugnante o criminal.

Polonio

Tan perspicazmente había Shakespeare analizado el corazón del hombre y penetrado en las sinuosidades del espíritu, que, no contento con bosquejar en el carácter de Rosencrantz y de Guildenstern dos aspectos del servilismo palaciego, modificados por la reserva del uno y por la intemperancia del otro, dibuja en Polonio una forma menos sencilla, más compleja, más varia, menos genérica, más personal, más caprichosa, no por eso menos real, del mismo vicio. Los críticos de Hamlet pasan desdeñosamente por delante de Polonio. Lo contemplan, lo comparan rápidamente con el tipo, desdichadamente inmortal, del adulador familiar del poderoso, se sonríen,

62

se encogen de hombros, y, exclamando: «¡Hay tantos como ese!» pasan. Hacen mal: Polonio es una personificación ridícula de la más ridícula de las adulaciones, la inofensiva; pero, también, es un carácter.

Polonio es un buen hombre que hubiera podido ser un hombre bueno. En esta sencilla oposición hay lo bastante para hacer de ese no carácter, un carácter interesante: de ese ente ridículo un ser patético. Es un loco de la realidad. Guiándose por ella en razón de su experiencia; violándola en razón de su candor, predica lo bueno que ella enseña, y no lo hace: hace lo malo que ella inspira. Honrado y digno por instinto, es indigno por conveniencia. Sencillo en su doblez, candoroso en su malicia, ingenuo en su fatuidad, es sincero en su adulación. La adulación es su *modus vivendi*, el modo de su vida. Expresión de debilidad, no de maldad, su adulación es cariñosa, benévola, optimista. Adula porque se conoce débil; no para ser fuerte, sino para ser querido; no para esclavizar al adulado, sino para mejor servirle, para amarlo más; para obtener un derecho, no un arma. Cuando habla con Claudio y con Gertrudis, en cada lisonja del palaciego palpita el adicto corazón del servidor leal. Cuando asiente a los aparentes despropósitos de Hamlet y se asombra al descubrir en ellos más cordura, más donaire, más luz de razón que en muchas afirmaciones sentenciosas de los cuerdos, hay en su asombro una ternura y una bondad que enternecen: se ve que acoge con alegría toda ocasión en que pueda esperar la salud de aquella mente enferma y querida. Si hubiera leído a Séneca, comentaría cada extravío mental de su príncipe, diciendo, para engañarse, para tener el placer de seguir esperando en su salud: «Nullum magnum ingenium nisi mixtura dementiæ»: «No hay gran ingenio que no tenga alguna partícula de loco.» Importuna, inquieta a Hamlet; pero lo hace por secundar los que supone buenos propósitos del rey. Mientras los espías de éste violan lo sagrado de la antigua amistad que los une a Hamlet y solo por adular a Claudio y solo por hacerse de indigna adulación un poder indigno, espían y ponen asechanzas al loco que creen cuerdo. Polonio, que celebra y admira los momentos lúcidos del loco, no lo vigila para sorprender en él la ficción que esconde un peligro, sino para poder asegurar que es inofensiva su locura. De todos los actores de la escena, él y su hija son los únicos que creen en la demencia de Hamlet. Y como coinciden en la creencia, coinciden en la causa que le atribuyen. El

63

padre dice: «That he is mad, 't is true; 't is true, 't is pity—; And pity 't is 't is true»: «que está loco, es cierto; que es cierto, es lástima, y es lástima que sea cierto.» La hija interrogada por el padre, a esta pregunta: «¿Loco de amor por ti?» responde: «I do fear it»: «lo temo».

Acaso no hay en toda la tragedia una coincidencia más patética que esa: los seres que compadecen al que creen loco, son las dos víctimas predestinadas de su cordura horrenda: los dos más inocentes de la enfermedad de su razón, los dos a quienes castiga y mata con perfecta lucidez.

Ellos lo lloran extraviado, y lo perdonan anticipadamente. «¡Me han muerto!» «I am slain», es la única queja que exhala el viejo infortunado. No quejándose, es dos veces consecuente. Es su príncipe quien lo mata, y él es siervo voluntario de sus príncipes: es el pobre demente, y no lo acusa.

En frente de estos caracteres, el de Horacio; al lado de los adictos al poder, el adicto al hombre.

Es el tipo de la amistad sin condiciones. No las impone al amigo para quererlo, no se las impone a sí mismo para estimarlo.

Es un corazón lleno de dádivas. Da sin exigir. Quiere a Hamlet, porque es un hombre amable, digno de ser amado, no porque es poderoso, no por ser príncipe, no por ser superior en jerarquía.

Está unido a él por una religión que así hace devotos a los pueblos como a los individuos; la religión de los recuerdos. Fue su amigo porque fue su condiscípulo; es su inseparable porque fue compañero de su adolescencia; y como fue confidente de sus secretos juveniles, es confidente de la pesadumbre secreta que pesa en su conciencia.

Para su amistad no hay tiempo, no hay mudanza en el tiempo. El mismo Hamlet, que estudiaba, parolaba, traveseaba, enamoraba y se formaba con él en Witemberg, es el que hoy le hace confidencias formidables.

El deber de quererlo que se impuso entonces, persevera ahora. Horacio no sabe que hay una gradación en los afectos: no sabe que un grado es el cariño y que la estimación es otro grado. Cariño ciego, movimiento espontáneo del corazón el que lo mueve, sabe que quiere a Hamlet, no sabe por qué lo quiere. Ni un átomo de interés en su cariño. Viene a Elsinor para tomar parte en las fiestas de la boda, para tributar un homenaje de respeto a sus reyes; y se aleja de las fiestas por acompañar a su amigo en sus aventuras tenebrosas; y se aleja de los reyes por hacerse parcial del príncipe, acusado de proyectos ambiciosos. Allí donde está Hamlet, allí él. Donde Hamlet no está, tampoco Horacio. Es digno de la confianza que inspira, y el alma suspicaz que de todos desconfía confía en él. Para cumplir el tremendo juramento de *acordarse siempre*, el príncipe emplea tres medios: su locura fingida, la representación de la escena que recuerda los crímenes de Claudio, y la vuelta inesperada de Inglaterra. El único a quien Hamlet confía sus proyectos; el único que sabe por él la ficción que hay en la representación, el castigo que anuncia la vuelta de Inglaterra, —es Horacio.

Este carácter, en sí mismo interesante, adquiere por contraste un interés vehemente. Si por sí mismo representa aquel amable abandono de los afectos que no juzgan ni razonan, aquellas naturalezas afectivas que concentran en un sentimiento cuantos aspectos tiene la existencia, que deben a esa reducción de la existencia el optimismo espontáneo que practican —Horacio representa por contraste el interés moral de la acción a que concurre—. Es la luz del cuadro en que son la sombra Rosencrantz y Guildenstern; es afirmación de la tesis artística en que es negación el mismo Hamlet. Contrasta con la perversidad interesada de aquellos, por la bondad desinteresada de su afecto. Contrasta con Hamlet, que hace el mal queriendo el bien, por el bien que practica sin buscarlo. En tanto que él, oscura, pasiva, humildemente, hace el bien de confortar con su lealtad el alma atormentada del príncipe, éste no retrocede ante la sentencia que con impasible rigidez pronuncia su conciencia: «*I must be cruel, only to be kind*: Tengo que ser cruel para ser bueno.» (Acto IIIe, escena IV.)

Cuando Goethe retrataba en tres palabras «al sencillo, noble y excelente Horacio», contribuía a explicar el efecto que produce al espectador o al lector de la tragedia la influencia de esa naturaleza generosa. Por la sencillez de su corazón, cautiva; por la nobleza de su conducta, se reconcilia con los innobles en la suya; por la excelencia de su carácter, moraliza. En la vida de la escena como en la vida del mundo, basta eso. Cuando podemos señalar un alma sana entre mil corrompidas por la pasión y el interés, «el mundo no es tan malo —nos decimos— pues que al lado de las deformidades corrompidas, está la forma incorruptible.»

65

Laertes

Los contrastes de Shakespeare no son antítesis. Shakespeare sabe que el arte no demuestra, y conoce demasiado íntimamente la existencia humana, para agrupar en la escena caracteres antitéticos, que nunca o casi nunca se encuentran en la realidad. Por eso, al presentar en Laertes el opuesto correlativo de Hamlet, no busca el contraste en oposiciones radicales ni mantiene esa oposición en choque continuo, ni personifica en el uno una virtud, el vicio contrario en el otro. Los personajes de Shakespeare son hombres, y hombres dignos generalmente de Terencio. Se creen capaces del bien y del mal que hacen los hombres, y por eso se salen de la escena para vivir en la vida que vivimos. Si la cualidad o el defecto que los caracteriza, que constituye su personalidad moral, contrasta con otras cualidades o defectos de los demás con quienes contribuyen a la acción, ni es el contraste el que les da carácter, ni consiste su carácter en la oposición en que está con su contrario, Laertes es un joven, en el sentido histórico de la palabra; frívolo, irreflexivo, apasionado, sin otro designio en su existencia que la existencia misma. Fácil de juicio como todos sus iguales, juzga a los demás según sus faltas: él las comete, luego todos las cometen. De aquí su experiencia pesimista. Tiene por su hermana aquel cariño descuidado que piensa menos en lo amado que en sí mismo; y cuando sabe que Ofelia puede amar a Hamlet, que Hamlet ama a Ofelia, duda de la rectitud del hombre porque no tiene fe en la propia; duda de la fortaleza de la mujer, porque no hay mujer fuerte para hombre débil. Aconseja a su hermana, y hay un sano interés en su consejo; pero hay más egoísmo que interés. En vez de aconsejarla, debería ampararla; pero en vez de ampararla, la abandona a sí misma y retorna a la ciudad de los placeres. Es hombre que no puede detenerse: resuelve y hace; hace más que resuelve. Un error, una preocupación, una pasión, un interés lo incitan, y allá va. Hoy lo llama el placer, y desampara a los suyos. Mañana lo llamará el dolor, y vendrá a vengar a su padre y a su hermana contra los ofensores que no sabe quiénes son; a amotinar el pueblo contra el rey, porque lo cree culpable; a combinar con él una cobardía criminal, porque él le facilita la venganza. Tiene todos los vicios y las cualidades de un hombre de acción, y por eso

66

contrasta con Hamlet, hombre de reflexión. Tiene todos los ímpetus de la voluntad, y por eso hace tanto y tan malo en tan poco momento y en tan poco espacio. No retrocede ante el peligro, y es valiente. No retrocede ante el crimen, y es cobarde.

Claudio

Ese mismo carácter en el grado final del desarrollo, es Claudio. Claudio es un malvado que no es malo. Quedan dos móviles en su ser que demuestran los gérmenes no desarrollados del bien que hubo en su alma: el remordimiento y el amor. Ama a Gertrudis, su mujer, a pesar de ser ella uno de los móviles del crimen que rumia su conciencia; y por huir del remordimiento del primer crimen, medita otro. Si lo hubieran dejado reinar y amar en paz, hubiera sido un buen rey y un buen esposo. Si Laertes no hubiera encontrado en su senda de placer la árida necesidad de una venganza, hubiera sido un caballero. De esas voluntades instintivas está llena la vida. Esos son los héroes que los idólatras admiran en la historia. La crítica complaciente los absuelve, y Suetonio admira a Augusto, y Valerio ensalza a Tiberio, y Thiers deifica a Napoleón I, y la Europa se postra admirada ante el tercero. Del malvado no malo de Shakespeare a esos buenos no buenos de la historia, no hay más diferencia que la del fin. El malvado de la tragedia comete el crimen por ocupar el solio y el tálamo, en tanto que esos héroes ocupan el solio para pisotear desde él a media humanidad.

Claudio era un ambicioso: ambicionaba el reino y la mujer del rey su hermano. Fue necesario un crimen, y lo cometió. El crimen consumada es un estado, como la incapacidad de cometerlo constituye el estado de inocencia. Como éste sus virtudes, tiene aquél sus vicios necesarios. De ahí la hipocresía, la suspicacia, la doblez y la impasibilidad de juicio que demuestra Claudio. Atribuye a motivos de razón, de prudencia y de política, los crímenes que ha cometido y que se dispone a cometer. Odia a Hamlet, porque sospecha que Hamlet ha penetrado en su conciencia. Mientras más lo odia, más lo acaricia. Es el único que por inducción conoce a su enemigo, y vive en guardia; es el único que tiene conciencia del estado moral de Hamlet, y no se deja alucinar por las locuras de éste, por los informes de los otros, por

67

la piedad de algunos, por la inquietud de todos. Si el bueno de Polonio, después de decirle que Hamlet está loco de amor por su hija Ofelia, lo lleva a esconderse para oír el diálogo de los dos enamorados, el criminal sombrío no se equivoca: «¡Amor! —dice— no van por ese camino sus afectos... algo hay en su espíritu que su melancolía está incubando. De esa incubación saldrá un peligro.» Es necesario prevenir ese peligro, e inmediatamente se decide a prevenirlo. Cuando el malvado del 2 de diciembre y del 4 de Setiembre decía que el mundo es de los linfáticos, decía una cínica verdad. El mundo es de los linfáticos, porque esa trama de relaciones e intereses que llamamos mundo, solo es penetrable para los que fría, impasible, escépticamente, convierten en norma de conducta las mezquindades y las pasioncillas de los hombres; para los que, al contrario, tienen por axioma de vida la dignidad nativa y la bondad original del ser humano, la trama es impenetrable. Los primeros hacen víctimas de su egoísmo, del pesimismo de su juicio, de la rapidez de su voluntad depravada, al mundo de que se ríen. Los segundos son víctimas del mundo de que se compadecen.

Los llamados hombres de acción, en cuyo número colocó Shakespeare a Claudio, pertenecen a la categoría de los linfáticos. Y no porque la linfa predomine más que la sangre en su organismo, sino porque predomina más la voluntad que la razón en su conciencia.

La voluntad es una facultad esencialmente perversa.

Tal vez, al instituir una personificación suprema del mal en frente de la suprema personificación del bien, no han querido otra cosa las religiones positivas que consagrar en los trastornos de la naturaleza y del espíritu, de la sociedad y de la ley universal, la omnipotencia de la voluntad predominante para el mal. En este gobierno interior de cada hombre que llamamos alma, hay fenómenos idénticos al gobierno de las sociedades. En éstas, el predominio del poder ejecutivo determina infaliblemente el despotismo; el despotismo es un trastorno de las leyes de la sociedad. La voluntad es el ejecutivo del espíritu: subordinado a la razón y al sentimiento, produce el bien; desligado del sentimiento y de la razón, produce el mal.

Una grande actividad de pasiones, aguijoneada por una voluntad, eso es el crimen. Los unos lo cometen en sí mismos: son suicidas. Los otros lo cometen en su hermano, en su deudo, en su amigo, y tienen cien nombres

68

en los códigos penales. Los otros lo cometen en un pueblo, y son tiranos, déspotas o autócratas. Los otros lo cometen en la humanidad, y los llaman conquistadores, héroes, semidioses.

Son meras combinaciones de la misma voluntad, con diferentes circunstancias. Cesar hubiera sido suicida si no hubiera pasado el Rubicón. Nerón hubiera sido incendiario, si no hubiera sido emperador. Tropmann hubiera sido un estratégico famoso, si no hubiera sido un obrero. Cualquier soldado español, hambriento de oro, fue conquistador en el siglo XVI. Todos los hombres son buenos cuando no están colocados delante de una pasión o un interés. Todos los hombres son malos cuando, colocados delante de una pasión o un interés, solo tienen voluntad para saciarlos.

Voluntad implacable para saciar su ambición tiene Claudio, el personaje criminal de Shakespeare, y al columbrar un peligro para él en la situación moral de Hamlet, se dispuso inmediatamente a prevenirlo. Con un poco de sensibilidad, lo hubiera prevenido sin dañar a Hamlet. Con un poco de razón, lo hubiera prevenido haciéndose a sí mismo un beneficio. Pero era la voluntad quien decidía, y decidió otro crimen.

Aquí, lo mismo en la tragedia que en la vida, lo mismo en el teatro que en la historia, empieza la segunda fase de este carácter. Triunfante por su primera violencia o su primer crimen, el hombre de acción no se detiene. Creerá necesaria otra violencia, y la cometerá. Creerá necesarios otros crímenes, y los consumará. Si los remordimientos o el desarrollo de la razón, lo detuvieren ¡væ victis! ¡ay de él! el mundo se le cerrará, por más que los cielos se le abran.

Claudio, como todos los hombres de su especie, tiene ese instinto. Sabe que con la primera vacilación comienza la impotencia, y no vacilará. Antes de convencerse del peligro que para él había en la tenebrosa taciturnidad de Hamlet, bastaba una satirilla de Polonio contra la hipocresía, para que el rey la recibiera en la conciencia como un dardo, y exhalando una queja, prorrumpiera: *How smart. A lash that speech doth give my conscience!... O Heavy burden!*»

Sí, es una carga pesada la conciencia, y es necesario arrojarla, y triunfar; o soportarla, y sucumbir para las grandes delicias de la ambición y del poder.

69

Después de conocido el peligro que lo amenaza en Hamlet, ya no oye Claudio a su conciencia. Quiere, en un momento de congoja, sobornarla por medio de la oración, y averigua con ira y con despecho que la conciencia es insobornable. (Mis palabras se elevan hasta el cielo, mis designios se quedan en la tierra.)

¿Cómo no, malvada voluntad, si esa es la pena de tu culpa?

La oración de la conciencia es la virtud, y la expiación de la maldad es su impotencia para hacer el bien.

En este momento, el carácter adquiere una tremenda intensidad trágica, y es imposible seguirlo en su desarrollo, sin apiadarse íntimamente, sin anhelar para él un momento de tregua consagrado al bien.

No es posible la tregua, y Shakespeare, obedeciendo a la lógica implacable, lo obliga a desarrollarse en toda su extensión.

Así en la vida: cuando fatigada del mal, la voluntad predominante intenta detenerse en las fruiciones del puro sentimiento y devolver su iniciativa usurpada a la razón: ya se ha corrompido el sentimiento; ya no tiene iniciativa la razón.

Mal es la acción de la voluntad no razonada. Un malvado es una voluntad abandonada a sí misma. En ese abandono hay luchas y dolores y catástrofes. Shakespeare, que los describe minuciosamente en Macbeth y en lady Macbeth, los bosqueja en Claudio.

Gertrudis

Todo hombre se ha encontrado una vez, o más de una, delante del problema que el más humano de los poetas ha expuesto en el carácter de Gertrudis.

Gertrudis es la mujer sensual. Ama con los sentidos, conoce por medio de los sentidos, obedece en su acción a los sentidos. Si no tuviera los instintos delicados de la mujer, solo tendría los instintos animales de la hembra. Solo tendría sensualidad en el corazón, si no tuviera sensibilidad en el espíritu. Tiene la imaginación suficiente para dar calor y color a sus deseos, y por eso los eleva hasta el afecto. No tiene fuerza suficiente de razón para convertir en afectos todos sus deseos, y por eso es inconstante en sus afectos.

70

Es hija inmediata de la naturaleza, y vive para la felicidad. La felicidad es su derecho, y como no le han enseñado que hay deberes correlativos de ese derecho, que todo derecho se completa y se realiza por su deber correlativo, no supone ni sospecha que el querer ser feliz pueda llegar a ser un mal. Y hace, sin saberlo, sin quererlo, sin sentirlo, males que no dejaría de llorar si llegara a tener conciencia de ellos.

De toda culpa de mujer es responsable un hombre, por injusto, por inepto o por liviano. De las culpas de mujeres como Gertrudis, es siempre autor un Claudio, por egoísta, por concupiscente o por malvado. La mujer vive del hombre, como la Luna del Sol: y así como éste da luz al astro que le está subordinado, así el hombre refleja su virtud y su vicio en la mujer. Educada por él, es obra suya. Obra buena, si el autor es bueno; obra mala si malo.

Por mucho que Hamlet pondere a su padre el rey difunto, no pasaba su padre de ser un hombre de guerra. A su lado, su hermano. Siempre o con frecuencia ausente el rey Hamlet, su mujer no tenía otro consejero, otro guía, otro educador que su cuñado Claudio, ni otra escuela que la adulación y la lisonja de sus cortesanos.

Su voluntad era mandato cumplido; su capricho era obra realizada. Satisfecha de su vida, era feliz. No tenía nada más que pedir a los otros ni a sí misma.

Muere el rey su esposo, y la felicidad se enluta. Con la mano que le ofrece, Claudio le devuelve su jerarquía y su felicidad. Amaba a su primer esposo ¿por qué no ha de amar a su segundo?

Ninguna incompatibilidad, para ella, en ese afecto. Amar a un hermano después de haber amado al otro no es un crimen; antes es una prueba póstuma de amor al que se amó primero; es seguir amándolo en su carne y en su sangre.

Ella no sabe que su Hamlet murió envenenado; y como dice con perfecta ingenuidad a su hijo, «el que vive debe morir». Ella no sabe que su antes cuñado y ahora esposo es el autor de su viudez, y como el haber salido de ese infeliz estado a él lo debe, le paga con amor su beneficio. Cierto es que un solo mes entre el llanto tributado al primero y las caricias concedidas al segundo marido, es poco tiempo; cierto que, como dice amargamente el príncipe su hijo, «las viandas del duelo sirvieron para las bodas»; mas a parte

71

de que, como él mismo dice: «*Thrif, trift, Horatio*» esa era una prueba de frugalidad y economía, es también una prueba de la inocencia, de la irresponsabilidad y de la inconsciente sensualidad de Gertrudis. Muy convencido de esto debía estar el difunto, cuando, al aparecerse a su hijo, con el deber de vengarlo, le impone el de no culpar a su madre.

Es madre, ama como las madres, tiene la segunda vista de las madres, y es la primera que descubre en el alma de su hijo uno de los dolores que le aquejan.

Cuando delibera con Claudio y con Polonio sobre el estado de Hamlet, se niega a toda conjetura, y dice con toda la seguridad de su instinto: «La muerte de su padre, y nuestro acelerado casamiento», eso es lo que le enferma.

¿Y cómo, amando a su hijo, no previó el efecto que había de producir en su alma delicada aquel rápido olvido de su padre? Eso es lo que no cesa de preguntarse tristemente la pobre madre, y lo que nunca logrará responderse, porque no sabe que, al obrar de un modo indecoroso, pero no criminal, obedecía a su naturaleza, nunca dirigida y siempre estimulada por la educación de la costumbre. Buena en cuanto madre, sin conciencia moral en cuanto hembra, la madre va a iluminar a la hembra, y va a producirse una mujer. Esa hembra sin pudor, esa mujer sensual sin afectos delicados, que por falta de pudor ofende la memoria de su esposo y por falta de delicadeza de sentimiento ha causado el infortunio de su único amor digno, de su hijo, va en el desarrollo de la acción a elevarse lentamente a la concepción de la dignidad de mujer; a la idea de la responsabilidad por el remordimiento, que las hembras no conocen; al conocimiento de un mal, hecho sin intención de mal, a las delicadas ternuras de su sexo, a las santas revelaciones del amor del alma. Esa mujer sensual, que empieza repugnando, concluirá enterneciendo; y cuando, después de verla despojarse lentamente de su apariencia sensual, la veamos siguiendo siempre con ojo maternal a su hijo; amándole en Ofelia; concibiendo en el amor de entrambos una felicidad tan diferente de la suya; abriendo los ojos de la conciencia a una falla cometida sin conciencia; llorando la muerte de Ofelia con el propio corazón y el de su hijo; esparciendo flores delicadas sobre la tumba de la criatura sensitiva, que una sola ráfaga de adversidad aniquiló; enjugando con su pañuelo el sudor de la frente de su hijo, segura de su triunfo como toda madre lo está

72

del triunfo de los suyos, y exclamando al morir la exclamación suprema: *O my dear Hamlet!* «¡Oh mi querido hijo!» como si en esa exclamación estuviera a un mismo tiempo el perdón de sus faltas, la redención de sus culpas, la rehabilitación de la hembra por la madre, la victoria de la mujer sobre la hembra, volveremos los ojos a la vida real, y en cada semejante de Gertrudis que encontremos, veremos lo que, con la piedad de los grandes de espíritu, vio Shakespeare: un mármol que pulir; un corazón que inflamar; un alma que iluminar.

Ofelia

El traductor inglés de *Wilhelm Meister* traduce de este modo la comparación en que Goethe resume su juicio sobre Hamlet: *An oak tree is planted in a costly vase, which should only have borne beautiful flowers in its bosom: the roots expand, and the vase is shattered.*

«Plantan una encina en un florero, que solo hubiera podido contener flores delicadas: las raíces se extienden, y se hace pedazos el florero.»

Ese no es Hamlet; es Ofelia: un corazón de cristal, que un choque rompe.

El autor de *Wilhelm Meister*, que cometió la irreverencia de pasar de largo por delante de esta delicadísima creación, no supo admirar en ella lo más admirable que ella tiene: su divina vaguedad.

En las noches sombrías de esos radiantes cielos del Pacífico, cuando apenas se atreven a fulgurar las estrellas más vecinas, inopinadamente rasga los vapores de la atmósfera una luz que brilla, se desliza y muere; es una exhalación, un meteoro luminoso, una estrella fugaz: no por haber durado poco, ha dejado de iluminar el firmamento.

Así Ofelia en *Hamlet*. Es una estrella fugaz en el cielo de la tragedia. Apenas aparece, desaparece; brilla para desvanecerse. Son sus formas tan vagas, que nos parecen impalpables; es su influencia tan rápida, que nos parece nula. Y, sin embargo, no hay expresión de su rostro, palabra de sus labios, ademán de sus manos, quejido de su corazón, lamento de su alma, que no quede grabado en nuestro espíritu, que no guarde con cuidado el corazón, que no se complazca en representar la fantasía. Ha caído la estrella fugitiva, y aún divisan los ojos su estela luminosa.

Quien haya visto a la angelical criatura oyendo los consejos de su hermano, sometiendo su amor al mandato de su padre, narrando la aparición inesperada de su amado, fomentando su amor por su piedad, su piedad por su amor, desgarrando su delicado corazón al oír las amorosas brutalidades de su amante, lanzando su espíritu de luz en las tinieblas del caótico amor que la enajena, cayendo de la cumbre de todas las esperanzas al abismo de la locura inesperada, cantando canciones disonantes y esparciendo flores expresivas, precipitándose en el agua, como en la vida, sin conciencia del riesgo que corría; abandonándose a la corriente como se abandonó a su amor, sin saber que se abandonaba a la vorágine; quien la haya visto vivir un momento, sufrir tanto, morir tan pronto, alejándose agua abajo con la luz de su sonrisa en los labios, como se aleja cielo abajo la luz de las estrellas fugitivas —árido será de corazón y de conciencia, si no se queja como ella en el único momento en que se queja—: *To have seen what I have seen, see what I see!* «¡Haber visto lo que he visto, ver lo que veo!». Árido será de corazón y de conciencia, porque hay un Hamlet en el fondo de todo corazón humano; y en la oscuridad de la conciencia de ese Hamlet, hay siempre el centelleo de una luz que no supo recoger. La luz murió o pasó; pero su estela queda, y jamás, aun cuando la luz de la justicia ilumine la oscuridad de esa conciencia, volverá aquella sonrisa del cielo a inundar con sus delicias la existencia.

El primer amor, el amor único, es la forma primera de la felicidad, quizá la única; forma vaga, impalpable, fugitiva, como Ofelia. Como Ofelia, momentánea en la vida, eterna en la memoria de la fantasía y del corazón. Como Ofelia, una súplica en vida, un remordimiento en muerte. Como Ofelia, espuma que se desvanece en el torrente. Como Ofelia, un cielo que se ofrece y se desdeña.

Nunca ha producido el arte una creación más pura, ni divinizado una realidad más humana, ni concebido una verdad más esplendente.

El arte no demuestra; pero el arte presiente. Y es lícito pensar que Shakespeare, al dar vida mental a la divina hechura de su alma, presintió que en ella fundía para siempre las eternas aspiraciones del sentimiento en todos los climas, en todas las edades, en todos los caracteres de los hombres.

¿A qué aspira el sentimiento, a qué aspiran todos los seres racionales en el período del sentimiento? A realizar el sueño dorado de la vida.

74

Y ¿qué le piden? Cuanto tiene Ofelia: dulzura, sencillez, candor, sinceridad, delicadeza en los sentimientos y en los actos, inocencia en todos sus deseos y pensamientos, capacidad para todos los afectos, desde el razonador con el hermano hasta el sumiso y humilde con el padre; desde el que tiembla en presencia del amante hasta el que hace temblar en su delirio.

Y cuando se ha realizado lo exigido y el ímpetu de esa enajenación de la ventura traspone la realidad, y se establece una lucha entre lo ideal y lo real, que está al lado y está lejos, y triunfa lo real, como es bueno que triunfe y necesario, entonces se exige al ideal que se evapore, se lucha contra él por importuno, se le mancha con el fango de la duda, se le escarnece con el escarnio de las realidades impuras, se reniega de él tres veces; y si por acaso llega el momento de razón excelsa en que se ve que no había incompatibilidad entre lo real y lo ideal, ya no queda de éste más que el recuerdo placentero y congojoso a un mismo tiempo, el aguijón de infinito que ha dejado clavado en el cerebro, el ansia insaciable que devora para siempre el sentimiento.

Eso es Ofelia para Hamlet: el ideal del sentimiento, opuesto a la realidad de la razón.

La lucha de Hamlet para aborrecer lo que ama, para escarnecer lo que idolatra, para enfangar en el fango de la realidad —en que de pronto se sumerge— la divina pureza de su ídolo, es la lucha que sostiene todo ser fuerte. El dolor, el martirio, la agonía de Ofelia; dolor, martirio y agonía de todos los seres delicados.

Ofelia no es un carácter, ni en el sentido ético ni en el estético. No, desde el punto de vista de la ética, porque es un ser sin responsabilidad; es demasiado inocente para conocer el mal y demasiado delicada para resistirlo. No, desde el punto de vista de la estética, porque el conjunto de cualidades que la constituyen y el conjunto de circunstancias que la cercan, no producen choque ni combate, victoria o vencimiento. Ama —esa es su existencia y es su historia—. Por amor a su padre y a su amado, pierde su razón en la primer contrariedad. ¿Hubiera resistido al dolor de la muerte de su padre si, menos sencilla e inocente, hubiera sido capaz de comprender el congojoso amor de Hamlet? Aquí hubiera empezado su carácter, porque habría empezado la determinación de su voluntad a un fin prefijo. Pero aquí hubiera concluido

75

Ofelia. Ofelia en lucha, en combate, en formación moral, en crecimiento de espíritu, en modificación de sus cualidades originales por la experiencia y el dolor, por la pasión y la contrariedad, hubiera sido un carácter, una mujer, una heroína; pero no hubiera sido Ofelia. El encanto, la delicia, la armonía de esa dulcísima creación consiste en que realiza e individualiza aquel estado del espíritu humano, lleno de tinieblas luminosas, de luz difusa, de vaguedad deleitosa, de penumbras intelectuales y morales, de celestial claro-oscuro, de dudas y de fe, de ciegas esperanzas y de tímida desconfianza en que yace el sentimiento al contemplar la armonía de la vida, al creerla creada para él, al sumergirse con fruición en ella, criatura y creador de su ventura. Sobreviene una disonancia, el sentimiento se recoge, y no vuelve jamás a gozar ni en la tierra ni en el cielo de aquella armonía de la felicidad, de aquella felicidad de la armonía.

Este estado se llama amor, y es un estado tan universal como efímero. Todos los seres de razón lo experimentan, porque todos los seres de razón tienen la facultad de sentir, de estimar, de amar lo bello, y el derecho (si saben ejercerlo) de ser felices, realizando su sentimiento de lo bello en el amor.

Esa universalidad del sentimiento con sus caracteres precisos de inconsciencia, vaguedad, fugacidad, jamás se ha expresado, jamás se expresará probablemente con tanta verdad, con tanta realidad, como lo expresa Ofelia. Llenas están de amores la vida, la historia, la escena y la novela. De ese amor único, el más universal porque abarca toda una facultad del ser humano en el primer impulso de esa facultad, hay algunos ejemplos en la vida y en la historia: en el arte, solo tiene una expresión, y esa es Ofelia.

Los que la han visto vivir como ha vivido, en la perfecta sinceridad de su inocencia; enloquecer como ha enloquecido, «embelleciendo la aflicción, el dolor y el mismo infierno», según dice su hermano; morir como ha muerto, pasando «de su melodioso canto a su *turbia* muerte» (*from her melodious lay to MUDDY death*), según dice Gertrudis; los que la han visto con tan púdico laconismo declarar su amor, defenderlo con tanto candor contra la duda, posponerlo a su dignidad y su recato en el venturoso momento de tener a sus pies a su amado, se sumergen en conjeturas calumniosas al oírle cantar en su locura la provocativa cantinela de San Valentín, y dudan de su pureza virginal. Esa duda es la prueba más completa de la perfección de ese ideal.

76

Dudan, porque toda perfección, así real como ideal, provoca dudas. En vez de dudar, admirarán, cuando recuerden que la locura es una enfermedad del cerebelo, que es el núcleo del sistema neuro-espinal; que las sensaciones producidas por la demencia en esos órganos se transmiten a los más simpáticos con ellos; que esa transmisión y esa simpatía puramente orgánicas no pueden ocultarse o dominarse cuando ha muerto el dominador de las sensaciones, la razón; y que si coincide en la demencia la sensación con el recuerdo, no es el recuerdo el que determina la sensación, no es ésta un recuerdo de la realidad.

Y si, restituida a la absoluta integridad de su belleza moral y corporal, Ofelia es más bella y más pura que fue antes, porque ya no es un sueño creado por la fantasía, sino una realidad viviente, un ser de carne y hueso, con funciones y órganos que para nada obstan a la sublime realidad de su pureza, a la sublime idealidad de su belleza.

Era un florero quebradizo: plantaron una encina en vez de plantar una violeta, y se quebró.

Era un corazón de cristal: en vez de someterlo a la dulce temperatura del amor, lo sometieron a la presión de las pasiones, y estalló.

El Príncipe

Núcleo de todos esos caracteres —como lo es de la acción— los sentimientos, los pensamientos, los juicios, la lucha, los actos del príncipe de Dinamarca constituyen el objetivo supremo, la unidad esencial de esta tragedia. Para comprenderla, es necesario comprenderlo. Para comprenderle, es necesario estudiarlo, no tanto en las circunstancias en que el poeta lo presenta, cuanto en la realidad de donde lo ha tornado, en la observación inicial que lo ha creado.

Si Hamlet no fuera hijo de la realidad, sería un aborto de la idealidad enferma; si no fuera expresión estética de una verdad de observación, sería una monstruosidad repulsiva. Si fuera un aborto, hubiera muerto; si fuera una monstruosidad, repugnaría. No ha muerto, no repugna: luego, tiene un fundamento de existencia; luego, contiene un interés humano.

¿Qué interés? el más humano: el que, para el bien colectivo, resulta del progreso del ser en el ser mismo.

Shakespeare había observado (y la intención psicológica de todas sus creaciones lo demuestra) que todos los conflictos de los seres racionales en la vida tienen un carácter individual, una causa íntima, un motivo subjetivo, como diría un filósofo del arte o del espíritu. Relacionar ese motivo interno de acción con las solicitaciones externas de la vida; explicar lo externo por lo interno; los elementos de la realidad difusa en la existencia por el desenvolvimiento de la verdad confusa en el espíritu —ese fue el empeño de su genio—. Una cronología de sus obras sería una prueba; y si de esa cronología resultara esta gradación: *Cordelia*, *Julieta*, *Desdémona*, *Gertrudis*, *El rey Lear*, *Romeo*, *Otelo*, *Hamlet* —en esa gradación constarían los esfuerzos del poeta por elevarse sucesivamente al concepto primario que lo inspira.

Ese concepto es la influencia que tiene la vida moral en la normal: cada ser, en su adversidad o su fortuna; toda idea, en el concepto de la vida; todo sentimiento, en la alegría o el dolor; todo acto, en la calma o la tempestad de nuestro ser; todo desarrollo del alma, en la pureza o impureza de nuestras relaciones con los hombres; todo aumento de potencia afectiva, moral o intelectual, en la impotencia o en la omnipotencia de la vida realizada.

Desde este punto de vista, Hamlet es un momento del espíritu humano, y todo hombre es Hamlet en un momento de su vida. Hamlet es el período de transición de un estado a otro estado del espíritu: del estado de sentimiento al de razón; de la idealidad a la realidad; de la inconsciencia a la conciencia del vivir.

El ser humano comienza a vivir por los sentidos, duplica su vida por el sentimiento, aumenta la intensidad de la vida por la fantasía. Siente que vive, imagina su vivir como lo siente, y es feliz. La vida sería una explosión de alegría, si el ser humano pudiera detenerse en ese estado. Pero no puede, porque la unidad del espíritu es compleja y cada ser se realiza según la mayor o menor intensidad de algunas de sus facultades.

Esta diferencia de intensidad en las facultades individuales constituye la realidad, y esta realidad crea una lucha. Esa lucha es, para unos, un momento en el reloj; para otros, un período completo en su existencia; para algunos, una eternidad en su conciencia. Tomar posesión de la realidad, ese es el resultado de la lucha. Los pobres de espíritu (en el sentido de Voltaire y en el de Cristo) son los que más pronto se posesionan de la realidad, los más fáciles triunfadores de esa lucha. Los espíritus pobres de Voltaire se ríen; los espíritus pobres de Jesús sonríen. Éstos, con la benévola piedad de los humildes; aquéllos, con la satisfacción implacable de los tontos. Los unos no comprenden cómo cuesta tanto a algunos lo que tampoco les costó. Los otros no comprenden por qué resisten tanto a la realidad los que luchan largamente para posesionarse de ella. Los tontos encomiendan su vida al acaso ciego, y el acaso los lleva. Los humildes encomiendan su vida a la fe inconsciente y la fe los guía.

El que encomienda a sí mismo su existencia y entra armado de su responsabilidad en el combate, y quiere modificar la realidad según su juicio, ese vacila, ese tropieza, ese cae; se levanta, vuelve atrás, sigue adelante, y si logra apoderarse de la realidad de la existencia, completarse en ella, perfeccionarse por ella, siempre vuelve los ojos del espíritu hacia atrás, siempre tiene la memoria del corazón fija en el primer momento de su vida, siempre sigue luchando para traer a la realidad aquel primer fin de su existencia y establecer en su alma la armonía. Si la establece, es un espíritu sano que reposa en su victoria. Si no la establece, será un espíritu enfermo, condenado a morir en el combate.

Hubiérase puesto Goethe en este orden de reflexiones, y en donde vio un alma frágil despedazada por el peso de la duda, hubiera visto lo que muestra Shakespeare: *el* alma humana sondeando los abismos de la realidad, en el tránsito de la alegría al dolor, de lo ideal a lo real, de la vida sentida a la pensada, de la vida inconsciente a la consciente.

Pusiérase el lector o el espectador de *Hamlet* en esta corriente de ideas, y tendría la clave del enigma, la palabra del misterio, la luz de esas tinieblas. Las tinieblas no están fuera, están dentro de nosotros. Y como no tenemos la costumbre de palparlas para desvanecerlas, y solo al tacto de la atención se desvanecen ellas, no hay caos más profundo que *Hamlet*, porque no hay oscuridad más tenebrosa que la recóndita actividad de nuestro ser.

Yo no intento probar que Shakespeare, al crear su sombría personificación de una crisis del alma, pensó lo que yo pienso; su tiempo le preservó de esas tristezas: lo que intento, es demostrar que concibió la verdad de observación que he tratado de explanar; puesto que, guiándose por ella, se comprende en todas sus partes la grandiosa obra, y puesto que en la

79

exposición del carácter y en el desarrollo de la acción de Hamlet, se pueden comprobar las ideas que le atribuyo.

Hamlet era joven; a lo sumo tendría treinta años, pues Jorick, según el sepulturero (acto V, escena 1) hacía veintitrés que había muerto, y el príncipe, al recoger del suelo la calavera del bufón, recuerda las veces que estuvo sobre sus hombros traveseando. A los treinta años, todavía se ama; y Hamlet amaba a su padre, de quien tenía la más alta idea que se puede tener de un hombre —He was a man. «Era un hombre» —a su madre, la amante muy amada de su padre; a sus amigos, para quienes tiene las nobles palabras con que recibe a Horacio «señor, mi buen amigo (cambiaré este nombre por el suyo)»—; a los hombres, de quienes expresa el más óptimo concepto en las más entusiastas exclamaciones —What a piece of work is a man! How noble in reason! how infinite in faculties!... like an angel!: like a god! «¡Qué obra maestra es un hombre (cada hombre!) ¡Qué noble en razón! ¡Qué infinito en facultades!... ¡un ángel!... ¡un dios!»; al mundo, cuya tierra le parece admirable en su estructura, cuya atmósfera le semeja el dosel más excelente; en la belleza de cuyo majestuoso firmamento se extasía. Todos esos afectos están dirigidos por el amor de la verdad, que busca en sus estudios; acalorados por el amor de lo bello, que reconcentra en Ofelia.

En solo este bosquejo, está ya todo el estado moral de Hamlet antes de empezar su evolución: complacencia de los sentidos en la naturaleza; complacencia del sentimiento en los afectos naturales; complacencia de la fantasía en lo cierto concebido y en lo bello realizado. Resultado: para sí y dentro de sí, la ventura; de él para los otros, la bondad: era optimista hasta con aquellos primeros enemigos que crean, no tanto las relaciones sociales, cuanto las relaciones intelectuales de los hombres.

Pero hay más. Hijo de padres poderosos, rodeado de amigos adictos, lisonjeado por cortesanos obsequiosos, no tenía ambición. Cuando, acaso dispuestos a secundarla, los espías de su tío interpretan malignamente por lamento de la ambición descontenta sus quejas de Dinamarca, les contesta: I could be bounded in a nut-shell, and count myself a King of infinite space, etc. «Podría limitarme a una cáscara de nuez y tenerme por rey de un infinito espacio.» Esta falta de ambición, hasta en el segundo período de su carácter, cuando la ambición hubiera podido facilitarle la ejecución de su sombrío propósito de venganza; este contentarse con poco, cuando todo deseo suyo hubiera podido ser ley y mandato; este filosófico considerar la vida por lo que ella es en sí, no por lo que hacen de ella las exterioridades, con tan enérgico laconismo expresado en esta frase: «Nada hay bueno ni malo, sino lo que así hace el pensamiento», denotan en el espíritu de Hamlet aquel desarrollo de la idealidad que concluye por la indiferencia absoluta de la realidad y que no cuenta con ésta para nada.

Desatendiendo todos estos pormenores, Goethe se fija en uno solo para deducir de él que Hamlet era un espíritu débil que debía por necesidad sucumbir a la tarea que se había impuesto. El motivo en que funda esta opinión decidida el autor de *Fausto* es éste: cuando Hamlet acaba de saber de labios de la sombra de su padre que está llamado a ser el ejecutor de su venganza, exclama: «¡Abominable odio; nunca hubiera nacido yo para vengarlo!» Esta imprecación está lejos de ser la clave de la conducta de Hamlet. Es una mera manifestación de su bondad y la primera expresión del tránsito moral que va a operarse.

Como todas las naturalezas en quienes predomina el sentimiento, era idealista y compendiaba la vida en aspectos de belleza, en anhelos de bien, en conceptos de verdad. De aquí el desinterés de su existencia y la connatural moralidad de sus acciones. De aquí también el terror que experimenta en el primer momento de la vida nueva: cuando un áspero interés va a transformar su vida; cuando tiene que sondear el mal, que no conocía ni concebía; cuando tiene que penetrar en su conciencia, no para pedirle estímulos de acciones generosas, sino para que se doblegue ante la horrenda necesidad de una acción abominable. Amaba; tiene que odiar. Esa es la necesidad abominable que encuentra en el primer paso de su nueva senda; esa es la necesidad de que abomina.

Como todos los idealistas, Hamlet carecía de la depravada razón que, al afirmar el mal en la existencia, lo declara necesario. De esa razón depravada es hija la voluntad, esencialmente perversa, que en el retrato de Claudio hemos hallado. No teniendo en su espíritu el motor, Hamlet no tiene el movimiento, y carece de la voluntad que ejecuta rápida, tranquilamente y sin escrúpulos el mal que supone necesario. La voluntad es la facultad humana más próxima a las facultades animales. Por eso obedece tan dócilmente a los

81

instintos y por eso es tan varia en sus funciones. Instrumento del instinto de conservación en los animales, su violencia está en razón directa del impulso del instinto. Instrumento del bien en los racionales, el mal no existiría si el ser racional no tuviera instintos. Los tiene, y cuanto más prevalecen sobre la razón, más perversamente influyen sobre la voluntad. Los animales hacen daño, no hacen mal, porque con la razón que les falta, les falta la responsabilidad y la moralidad de sus acciones. Los seres racionales hacen el mal, porque teniendo razón para moderar sus instintos animales, dirigen su voluntad por sus instintos en vez de dirigirla por la razón, facultad que conoce el bien y el mal, que tiene la responsabilidad de las acciones que consiente.

Como hay una razón pura o teórica y una razón práctica o ecléctica, hay una voluntad racional y otra instintiva. La voluntad racional es siempre secundaria, es una facultad subordinada a otra, es un medio de la razón. La voluntad instintiva es facultad predominante. La primera hace el bien o hace el mal; pero siempre lo hace obedeciendo, y casi siempre obedece al sentimiento del bien o a la razón del bien. La segunda hace fatalmente el mal, porque es mal hasta el bien que casualmente se produce, obedeciendo a una razón depravada, a un sentimiento corrompido, a un instinto vicioso.

Si en un combate del espíritu triunfan los instintos sobre la razón, la voluntad perversa es victoriosa. Si triunfa la razón sobre el instinto, la voluntad racional es vencedora. ¿Qué voluntad es más enérgica? ¿La que obedece inmediatamente a los instintos, porque ha abdicado la razón, o la que resiste continuamente a los instintos, sometiéndose siempre a la razón?

La historia vulgar y la sociedad común dicen que aquélla; la conciencia y la verdad dicen que ésta. Pero, a medida que la historia conoce sus deberes y que la sociedad conoce sus derechos, una y otra tributan homenaje a la voluntad virtuosa que sucumbe, por más que sigan haciendo ovaciones a la voluntad perversa que triunfa.

Una voluntad perversa que triunfa es Claudio; una voluntad virtuosa que sucumbe es Hamlet; aquí, desligada de todo interés, la razón pura es quien juzga: juzga mal a Claudio; juzga bien a Hamlet.

Obediente a la voz de la razón; pendiente del mandato de su conciencia; habituado por el desinterés de su vida a idealizarlo todo; trasformando en ideal la existencia, así la propia, que aproxima a su concepto general de la vida, como la ajena, que identifica la propia suya, Hamlet no usa jamás la voluntad perversa. Mundo, sociedad, individuos, el mismo misterio de su ser, todo está en él. Cuando la realidad contrasta con su ideal, se ampara en el ideal para olvidar la realidad; cuando el mundo desmiente su idea del mundo, rehace en su espíritu esa idea; cuando la sociedad lo engaña, acaricia en su corazón el sueño dorado de la sociedad perfecta que soñó; cuando los hombres le disgustan, busca en sí mismo el tipo original del ser humano, y, oponiéndolo a las copias repugnantes, a las parodias repulsivas, a las adulteraciones vergonzosas que encuentra en la realidad, se fortalece en su orgullo o en su voluntad del bien para seguir siendo lo que es; se fortalece en su optimismo o su modestia para seguir pensando de los otros lo que piensa de sí mismo. Si el orgullo le dice: «Tú no dejarás de ser nunca lo que has sido» la modestia le persuade a pensar que «puesto que él no es mejor que los demás, los demás deben ser lo que es él».

Toda educación, por torpe que sea, desenvuelve necesariamente las facultades del espíritu, y en cada espíritu desenvuelve aquella o aquellas facultades que naturalmente predominaban en el ser. La educación de Hamlet, bien amado de los suyos, acariciado por todas las sonrisas, invitado por todas las esperanzas de la vida, favoreció el desarrollo de la sensibilidad: su educación intelectual favoreció el desarrollo de la idealidad. Si su vida le enseñaba a amar, porque era amable, los libros le enseñaban a considerar como realidad aquellas risueñas perspectivas de su vida, porque desarrollaban la facultad que convierte en abstracciones, en ideas generales, en conceptos, los hechos prácticos, las ideas difusas, los juicios parciales de la realidad.

Ésta era su idea de la vida: una satisfacción sin contratiempos.

Ésta era su idea de los hombres: todos los hombres deben ser como mi padre y como yo; todas las mujeres deben ser como mi madre y como Ofelia.

Ésta era su idea de la sociedad: un pacto fraternal entre hombres que se aman como él amaba a sus amigos.

Hasta aquí, para nada le hacía falta la voluntad, porque vivía en sí mismo y de sí mismo.

Pero la vida real es vida de relaciones: con la naturaleza, y se cree en un principio; con la sociedad, y se cree en una ley; consigo mismo, y se cree en

83

una unidad. Mientras la naturaleza y la sociedad y el propio ser concuerdan, se crea una armonía; cuando desacuerdan se crea un contraste. En la relación de armonía, la naturaleza tiene un nombre, el de Creador; una personificación, la tenebrosamente luminosa de Dios; la sociedad tiene una forma, la fraternidad; un representante, la augusta humanidad; el ser interior tiene una esencia, el espíritu; una apariencia, la majestuosa del hombre original. En la relación de contraste, la naturaleza, la sociedad, el ser, están vacíos: ni Dios, ni humanidad, ni hombre.

De una relación a otra relación, hay un abismo: el que mata o el que salva, cuando se pasa de un estado a otro del espíritu.

El sondeo de este abismo, lo desconocido que se alberga en sus entrañas, la luz o las tinieblas que se sacan de él, la necesidad de internarse en lo más hondo para subir a lo más áspero y llegar desde la sima hasta la cima, desde la oscuridad hasta la luz —eso es lo que constituye una revolución moral.

Esa era la revolución que sufría el espíritu de Hamlet.

Esa es la revolución que se desarrolla en la acción de la tragedia.

Exposición. La acción

Hamlet estudiaba en Witemberg, cuando se consumaba su primera desgracia en Elsinor: su padre muere.

Lo sabe, y viene. Al esconder su dolor en el seno de su madre, se encuentra sin el dolor simpático que buscaba y esperaba. Su madre no puede sentir como él, porque ella no está desamparada como él: se ha casado otra vez.

A su primer desgracia, acompaña su primera desilusión.

¿Con quién se ha casado su madre? Con el único hombre a quien Hamlet no puede querer, porque es quien, debiendo parecerse más, es el que menos se parece a su padre: con su tío. Claudio se parece a su hermano como un sátiro a Hiperión (acto I.º, escena II.ª, monólogo 1). Con la primera desgracia y la primera desilusión, el primer desprecio.

Y ¿cuánto tiempo hace que su padre ha muerto? —Un solo mes. ¡Un solo mes, y ya casada! Aquí, el desprecio se multiplica por la desesperación.

Y ¿por qué se ha casado su madre con su tío? Su tío es un sátiro, un esclavo miserable de la carne. ¿Lo será también su madre? Amaba a su madre porque la había creído digna de su padre; ¿no lo es? Aquí, el primer torcedor de la duda más horrenda.

Y ¿qué móvil ha inducido a su tío a casarse tan pronto con su madre? Si fuera un móvil ordinario, hubiera esperado; no ha esperado, y ha desafiado el escándalo del país. ¿Por ambición? Cuando la ambición no tiene un motivo generoso, es la perspectiva de un crimen.

No es ambición digna la que procede indignamente: ¡hay un crimen! Ante esta tremenda afirmación, todo el espíritu de Hamlet se trastorna. Ve a su padre, bueno, sano, robusto, prometiendo vida, desaparecer repentinamente, y ve a su tío ocupando su tálamo y su trono: *When sorrows come, they come not single spies, —But in batallions.* «Cuando vienen las penas, vienen en batallones, no sueltas como espías»; y la sospecha de un crimen espantoso, acompañado de las circunstancias más terribles, acompaña en el espíritu de Hamlet a la perdida de su padre; a la pérdida, en vida, de su madre; a la pérdida de sus más puras ilusiones; a la pérdida inmediata de su fe.

Estaba en la fe; está en la duda. La edad terrible de la fe había pasado en un momento para dar campo en su alma a la edad formidable de la duda.

Algo se ha salvado en el naufragio: queda Ofelia. La dulce criatura lo confiesa a su padre: Hamlet acaba de declararle su amor; *He has of late made many tenders of his affection to me* (acto I.º escena III.ᵉ). El mismo Polonio lo confirma cuando, poco después, lee a los reyes la carta que la sumisa Ofelia le ha entregado y dirigida por Hamlet: «A la celestial ídolo de su alma.»

En esa carta, que se resume así: «Duda de todo, menos de mi amor. Yo lo tengo por ti (aunque no tengo tiempo para contar mis gemidos) porque eres lo mejor»; en esa carta hay, no solo la confesión de su amor, sino la esperanza de una salvación por el amor. Como él ha empezado a dudar de todo, consiente a su amada que de todo dude; pero como para decidirse a amarla ha necesitado invocarla como lo mejor (*O most best*) y embellecerla en su imaginación hasta creerla la más embellecida por las virtudes, que él ve desaparecer en todas partes (*the most beautified Ophelia*), confía a la mutua fe, de él hacia ella, de ella hacia él, la única felicidad en que espera, y le ruega que no dude de su amor.

85

Ella no dudará o morirá en la duda: él mortificará su amor para justificar su duda.

Si en ella el amor es una fe, en él es más una esperanza que una fe: no se abandona a él. En vez de invocarlo en su dolor, lo excluye de su dolor, y nunca, ni a solas ni acompañado, ni rumiando ni disimulando sus congojas, alude a él. Acaba de confesarlo; acaba de ligarse por medio de su dulce confesión, y ahí está: solo, como se le verá siempre en los grandes momentos de la tragedia, como quiere su espíritu que esté, ofendiendo el recuerdo de la mejor de las criaturas al confundir en un mismo anatema a la fragilidad y a la mujer: «¡Fragilidad, eres mujer!» (*Frailty, thy name is woman!*).

Por muy buena que sea Ofelia, ¿cómo no ha de ser frágil, si lo es su madre? Y por mucho que él ame al único ser a quien puede amar, por mucho que necesite de ese amor, ¿cómo va a entregarse a él, cuando tiene que ahondar y más ahondar y ahondar más el misterio que lo abruma?

¡Casada su madre y con su tío, y a los dos meses, no tanto, de morir su padre, y tener él que verlo y que callar, y tener que desgarrarse el corazón y reprimir la lengua! Si Dios no fulminara sus rayos contra los suicidas, se suicidaría. Prefiere el suicidio al mal, y él presiente que va a tener que hacer el mal: *It is not, nor it cannot come to, good*. «Esto no es ni puede traer nada bueno» —(acto I.º escena II.ª, monólogo).

Hace un mes que está repitiendo ese monólogo, porque hace un mes que su alma se ha disociado del sentir y del pensar de los demás, porque hace un mes que cayó de la altura de su antiguo estado al abismo de la nueva vida en que camina. Nada tiene que ver con los demás seres: son de su especie, pero no de su familia. Ellos hacen el mal o lo adulan; él no puede soportarlo. Ellos lo hacen por conveniencia o por placer; él se espanta de tener que hacerlo por deber. Se aísla, porque necesita conocer hondamente el nuevo estado; busca la soledad porque la necesita para pensar sin distraerse; huye de los hombres, porque son cortesanos de la fortuna y enemigos instintivos del dolor. Llora en la soledad, ríe y hace reír en la sociedad: aquí lo acecha todo el mundo; allí solo su conciencia lo examina.

Hasta la compañía de sus amigos lo molesta, y cuando se presenta Horacio, deseos le dan de rechazarlo; pero es Horacio, su amigo, su adicto de corazón y voluntad, y reaparece por un momento el Hamlet de otro tiempo, y

86

llega en la confianza de su afecto a decir a su amigo que ve continuamente con los ojos del espíritu a su padre.

—«Yo lo he visto con los del cuerpo», dice Horacio.
—«¡Visto! ¿a quién?»
—«Al rey tu padre.»
—«¿Al rey mi padre?»
—«Dos veces se ha aparecido a estos señores y a mí, esta noche.»
—«¿En dónde fue eso?»
—«En la plataforma donde estábamos de centinela.»
—«No le hablaste?»
—«Sí; pero no contestó.»
—«¡Es muy extraño!»

Y Hamlet hace una larga pausa en su espíritu. Sombra de su conciencia o de su padre, Hamlet la ha visto ya en su fantasía y sabe a qué viene, y por eso se inmuta, y por eso medita largamente su extrañeza.
Sale de ella para preguntar:

—«¿Hacéis guardia esta noche?»
—«Sí, señor.»

Y vuelve a recogerse en sus ideas; pero la coincidencia de la aparición con ellas lo preocupa, y exclama:

—«¿Armado, dijisteis?»
—«Sí, señor, armado.»
—«¿De la frente al pie?»
—«Sí, señor, de pies a cabeza.»
—«¿Luego, no visteis su rostro?»
—«Sí, llevaba alzada la visera.»
—«¿Parecía cejijunto?»
—«Aspecto más triste que colérico.»
—«¿Pálido o encendido?»

—«No, muy pálido.»

—«Y ¿fijaba la vista en vosotros?»

—«Constantemente.»

—«Hubiera querido hallarme allí.»

—«Os hubiera aterrado.»

—«Probablemente... Y ¿permaneció mucho tiempo?»

—«El tiempo que se tarda en contar de uno hasta ciento.»

—«Encanecida la barba, ¿eh?»

—«Color negro plateado, como en vida.»

—«Quiero hacer guardia esta noche. Tal vez vuelva a presentarse. Si es la sombra de mi padre, le hablaré. Vosotros, oído sordo y lengua muda. Mis afectos por los vuestros: id con Dios.»

Y queda solo. ¡No! Sigue tan acompañado como estaba: de la misma coincidencia extraordinaria; del mismo sobrecogimiento; de la misma seguridad de que la sombra misteriosa va a confirmar sus sospechas: «¡La sombra de mi padre! ¡y con armas! Alguna asechanza ¡Qué llegue la noche! Paz hasta entonces, corazón. *Aunque toda la tierra las oculte, las maldades se presentarán a la vista de los hombres.*»

¿Luego hay una maldad? Hamlet lo ha afirmado en su conciencia; pero es la conciencia que tiene el sentimiento quien lo ha dicho, y teme engañarse, y vacila, y cada vacilación aumenta las tinieblas de su espíritu.

De esas tinieblas morales está llena la escena, cuando en ella se presenta Ofelia y la ilumina. Discute con su hermano su naciente amor, y lo defiende contra las dudas de su padre. Ha hablado cuatro palabras. Las bastantes; no hay nadie que pueda ya ignorar estas dos cosas: que Ofelia ama a Hamlet; que ese amor infantil y angelical bastaría para sanar el corazón del joven.

¿Bastará? Y, como lo presintió el admirable psicólogo-poeta al intercalar esta escena encantadora entre dos de las más decisivas de su obra, el interés aumenta, la piadosa ansiedad del auditorio se duplica, y cuando en la escena inmediata se presenta Hamlet, y poco después hace su temida aparición la sombra terrorífica, los que no ven ella otra cosa que la forma plástica de la conciencia del príncipe, la materialización del alma apenada del infortunado joven, así como los que en el aparecido ven un *alma en pena* que se toma el trabajo de venir de luengas tierras para imponer una venganza que debía habérsele olvidado, todos anhelan que las revelaciones de ultratumba no coincidan con las inducciones de Hamlet, porque todos se acuerdan de Ofelia, y por ella, y por Hamlet, desean que el espíritu del joven se cure, y solo conciben su curación en el amor de Ofelia.

«¡Amor! No van por ese camino sus afectos.»

Van por el camino del odio y la venganza. Y es fatal; donde quiera que un fin obsta a otro fin, el más poderoso agobiará al más débil. Débil, mera esperanza, su cariño; fuerte, áspera fe, la de su duda; Hamlet no piensa en otra cosa que en ver con los ojos de su alma la forma corporal de su sospecha, la confirmación infernal o celestial de la duda que le roe el corazón.

Ahí está la duda incorporada a una apariencia corporal; ahí está el fantasma de su padre. Ansiaba que llegara la noche para verlo, y ahora lo ve, está temblando. ¿De miedo? ¿Por qué? *What should be the fear?* Más aprecia un alfiler que su existencia. Y hace bien. La existencia sin un fin útil vale menos que un alfiler: de ese alfiler, hasta la mano de un niño hace un fin útil.

Y ¿por qué tiembla? ¿Por su alma? ¿Qué hubiera podido hacerle el fantasma, siendo una cosa tan inmortal como él mismo, *being a thing inmortal as itself?*

Y ¿por qué tiembla? Porque nadie penetra en lo desconocido sin temblar. Lo desconocido, para Hamlet, no es la revelación que haya de hacerle el muerto, sino el poder formidable de que va a armarse. Sabe lo que le cuenta el aparecido, porque su profético corazón se lo había dicho (*O my prophetic soul!*); luego tiene un poder omnipotente en su corazón: ¿qué va a hacer de él? Dudó de su tío, y tuvo fe en su duda; la duda confirmada, ya no es fe. ¿Qué queda en él? La herencia de un mal que le repugna; el patrimonio de una venganza, que maldice; y el horrendo poder de ver, tras la apariencia de las cosas y los hombres, la deforme realidad de hombres y cosas. *O horrible! O horrible! most horrible!* poder cien veces, mil, diez mil veces más horrible que la perversidad de que el fantasma se lamenta.

Presintió que lo sucedido no era bueno, y el fantasma le dice: «no te engañas». Presintió que había un crimen, y hay un crimen. Presintió que en el crimen iba envuelta la inocencia de lo sagrado para él, su madre, y va envuelta. Presintió que el risueño, tranquilo y obsequioso tío era el autor

89

del crimen presupuesto, y era el risueño malvado. Presintió que iba a tener que armarse del mal para ser bueno, y ha jurado acordarse para siempre de que su padre murió envenenado por su tío, de la venganza que su padre le encomienda. «¡Oh vosotros, ejércitos del cielo! ¡Oh tierra! ¿A quién más? ¿Invocaré al infierno?... ¡Tranquilo, corazón, tranquilo!... ¿Acordarme de ti? Sí, borraré de mi memoria *todo recuerdo amoroso, toda sentencia de los libros, todas las formas e impresiones del pasado... ¡Oh perniciosísima mujer!* ¡Oh malvado, malvado, risueño malvado condenado! Quiero esculpir esto en mi conciencia: que un hombre puede sonreír y sonreír, y ser malvado».

Ejércitos del cielo, tierra, y tú también, infierno, sed testigos de que Hamlet ha jurado acordarse para siempre de que en tanto que él dormía en su fe del bien, el mal velaba y lo hirió en la vida de su padre, en la para él dogmática pureza de su madre, en la confianza que los hombres le inspiraban, en el amor con que contemplaba cuanto existe. Sed testigos de que nunca, jamás lo olvidaré, y de que, para tenerlo presente mientras viva, rompe de hoy más con su pasado, arranca de su corazón el último afecto que arraigaba en él, arranca de su razón las palabras de la sabiduría que ambicionó; y para no abominar de su madre, abomina de la más perniciosa de las criaturas, la mujer; y para más odiar a los malvados, quiere pensar y repensar hasta saber que se puede hacer el mal con la misma sonrisa que ama el bien.

El primer paso en la revolución, en el abismo, está ya dado.

Cuando se dice de un hombre: «Le sucedió tal cosa y ha cambiado», se dice que pasó por ese hombre el soplo de un espíritu nuevo, que él supo o no supo aprovechar. Cuando Hamlet pone una barrera entre lo pasado, que él acaba de pasar definitivamente, y el tiempo desconocido que ahora empieza, no dice qué va a hacer, no piensa qué va a hacer, no quiere hacer, solo siente, solo piensa que entre todo lo pasado y lo presente hay un abismo; que ese abismo está lleno de un recuerdo; que en ese recuerdo está su certidumbre de que el hombre es un malvado que sonríe, y un ser pernicioso la mujer. Cuando se empieza una revolución en una creencia, una institución o una sociedad, nadie sabe dónde va; solo se sabe que entre el punto de partida y la meta hay un abismo: la conciencia esclava en Alemania; el feudalismo en Francia; el coloniaje en la América del Sud.

Lo que se sabe es que la sociedad, la nación, el espíritu, el hombre, conmovidos por esa convulsión, no saldrán de ella como en ella entraron.

El dulce, el benévolo, el optimista, el generoso Hamlet acaba de sufrir la convulsión moral: ya no es el mismo. Ya no tiene confianza ni en Horacio. A las preguntas de éste, contesta con ambigüedades que solo tienen significación para sí mismo; a las pruebas de interés que de él recibe, contesta con una injuria, pues insiste diez veces en que jure guardar secreto lo que ha visto; a las palabras más sencillas da una intensidad de significación que, Horacio, ignorante de la revolución que acaba de operarse en el espíritu de su amigo e ignorante también de que a cada cambio o movimiento interior corresponde un cambio o movimiento en la forma, en la palabra que lo exterioriza, cree locura. El mismo Hamlet se asombra del cambio que ha correspondido en su palabra al cambio operado en su interior, y decide utilizarlo, fingiendo una locura. No es necesario que la finja. No está loco ni estará loco; pero ha franqueado de un solo impulso toda la distancia que hay de la idealidad optimista al pesimismo ideal, y basta que no se entiendan sus palabras, sus acciones, sus deseos, sus sentimientos, sus ideas, para que todos lo declaren loco.

Ha perdido todo el apoyo que tenía en su estado anterior, y es débil. Necesita armarse de una fuerza artificial y va a tenerla en su astucia, en su rudeza, en la ironía que fluirá de su intención; en los sarcasmos que en aludes caerán de sus labios; en las burlas, en el desdén; en el desprecio con que, desde su nuevo punto de vista, va a considerar la vida, la sociedad, el hombre. Hamlet creerá que es obra suya esa apariencia; pero nada habrá en ella que no sea resultado directo o indirecto de su nuevo estado. Estado tránsitorio, así en los individuos como en las sociedades, se caracteriza por la especie de furor con que reacciona contra el estado anterior, echando por tierra los ídolos que adoró, elevando la duda cínica a la categoría de alta razón, tomando por elemento de fuerza lo que es demostración de debilidad, clasificando entre las impurezas más hediondas las que antes —ideas, personas, relaciones, emociones— bendijo y adoró como purezas celestiales. Detrás de ese estado tránsitorio está la fuerza, porque en el que ha de sucederle está el progreso, y progreso no es más que la adición de bienes hecha entre los descubiertos nuevamente y los ya desde antiguo conocidos. Niega todo bien en absoluto, y está en el mal.

Para colmo de debilidad, y también como resultado fatal de la crisis en que ha entrado, tendrá fuerza para el mal que no desea, se abstendrá del que considera necesario; será heroico para resistirse a sí mismo y no convertirse en instrumento del mal; será impotente para hacerse del mal un instrumento.

Hará el mal que no quiere, y se complacerá tanto así en ese mal cuanto más sufra. Creerá que así se acostumbra al dolor de hacer el mal.

¿Qué es lo único que Hamlet amaba cuando se vio obligado a empezar a desamarlo todo? ¿Ofelia? Pues es seguro que irá donde Ofelia a atormentarla atormentándose. Es el único ídolo del pasado, y necesita verlo en el suelo y pisotearlo. Irá. Lo llevará el instinto de conservación; buscará un refugio en su inocencia, luz en su alma que oponer las tinieblas de que huye, y al verla, se pasmará de ver en el ángel a la mujer, se espantará del ángel por odio a la mujer; y, viendo en ella al mismo tiempo la esperanza del bien en cuanto ángel, la seguridad del mal en cuanto mujer, expresará en silencio su tremenda lucha. La tomará violentamente de la mano; la mirará, la mirará y la mirará; meneará la cabeza como se mueve la cabeza cuando expresamos la recóndita angustia de la duda unida al íntimo adiós de la esperanza; se despedirá en tenebroso silencio de su ídolo, y cuando se aleje para siempre de él y su ventura, estará lejos de la ventura y del ídolo que la encarnó, y aún tendrá invertidos los ojos hacia él.

La estética responde a la psicología; el arte a la ciencia; la realidad a la verdad.

Ahí está Ofelia, mirando hacia un punto, fijos en él los ojos y el espíritu, ignorante de lo que le ha pasado, a pesar de que va a referirlo a su padre.

—«¿Qué tienes, Ofelia?»
—«¡Me asusté tanto!»
—«¿Con qué?»
—«Estando yo cosiendo en mi aposento, Hamlet —desceñido el ropaje, destocada la cabeza, manchadas, sueltas, caídas sobre los tobillos las calcetas, pálido como su camisa, chocando rodilla con rodilla y con un aire tan

92

siniestro en el semblante como si hubiera sido arrojado del infierno para contar horrores— vino a mí.»

—«¿Loco de amor por ti?»

—«Lo ignoro, señor; pero, en verdad, lo temo.»

—«¿Y qué dijo?»

—«Asióme de la muñeca y me apretó; separóse después a distancia de su brazo, y poniendo la mano, así, sobre sus cejas, hizo tal examen de mi rostro como si hubiera querido retratarlo. Así se estuvo largamente: al fin, sacudiéndome blandamente el brazo y moviendo tres veces la cabeza, lanzó un suspiro tan hondo y lastimero, que pareció que todo su cuerpo se destrozaba, y que moría. Hecho esto me soltó, y volviendo la cabeza sobre el hombro, anduvo hasta la puerta como si no necesitara de sus ojos para andar y hasta el desaparecer los mantuvo dirigidos hacia mí.»

Esta escena muda hubiera sido incomprensible, y el poeta no la ha representado, la ha descrito.

Nunca ha dado el arte una prueba más delicada de su facultad de adivinar la verdad. Si el poeta hubiera representado esa escena capital, hubiera puesto tinieblas en la luz que de ella se desprende; describiéndola, y poniendo la descripción en los labios de Ofelia, no solo ha conseguido expresar con claridad la situación de Hamlet, sino que ha hecho sentir el recóndito dolor que anuncia. El espectador esperaba que la crisis moral del desdichado joven concluyera en el amor redentor de Ofelia; la misma inocentísima criatura lo esperaba. Ya no tienen el derecho de esperarlo. Desarrollo de la acción y desarrollo moral del protagonista serán la misma cosa en Hamlet. La acción sigue al héroe como el eco a la voz. Ya ha terminado la obra de la duda; ya ha terminado la exposición de la tragedia.

Así en las crisis intelectuales, morales y políticas de la humanidad. Cuando todo se ha destruido, malo y bueno, empieza la tarea de reconstrucción. Se sacan de los escombros los materiales buenos que cayeron, se ligan a los buenos, y también a los malos, que ha traído el nuevo plan, y se reconstruye laboriosamente el edificio.

Desarrollo

Hamlet no duda ya. Sabe por revelación de su conciencia o de ultramundo, que su padre murió envenenado, que el envenenador fue su tío; que el móvil del envenenamiento fue la ambición; el incentivo del crimen, la concupiscencia. Sabe que la ambición victoriosa ocupa el trono, y la concupiscencia triunfante ocupa el tálamo de su padre. Sabe que la deshonra de su madre es obra del ambicioso criminal. Sabe que de aquí proviene toda la pérdida que él sufre en sus creencias, en sus esperanzas, en su amor.

¿Qué va a hacer?

Amándolo tanto como lo ama el pueblo, según dice Claudio (acto IV.º, escena VII), un momento de ambición decidida lo vengaría; santificada su venganza por la tumba misma, una sola ocasión podría satisfacerla. Y, sin embargo, no se le ocurre el medio que la ambición le ofrece, y antes de matar por su mano al criminal, penetrará con impávida razón en las profundidades de todos los problemas de la vida.

Que su estado inquiete a su enemigo; que éste haga venir expresamente a dos de los antiguos condiscípulos de Hamlet para convertirlos en espías de su pensamiento y de sus actos; que Polonio lo importune, obedeciendo tanto a su deseo de complacer al rey como a su propio afán de probar que no es peligrosa la locura del príncipe; que Gertrudis empiece a perder la serenidad de su felicidad sensual; que Ofelia llore la pérdida de sus felices ilusiones; que Claudio incube largamente el nuevo crimen que le sugiere su instinto de conservación multiplicado por su maldad, nada le importa. A todo parece indiferente, por más que de todo se dé cuenta.

Solo a sí mismo, solo a la evolución que va verificándose en su espíritu, está atento. Si pudiera dirigir la evolución, se salvaría. Por dirigirla, por hacerla obra suya, producto de su razón y de su esfuerzo, está luchando.

Ha transpuesto la duda de la razón, y está tranquilo. Ha empezado la duda de la conciencia, y está en lucha. Que el mal le ha salido al encuentro, ya lo sabe. Que tenga el derecho para hacer el mal, eso lo ignora.

De todas sus fuerzas interiores, la única que hasta ahora acepta el mal es su sentimiento. Lejos de decidirse por el mal, su razón lo detiene a cada paso, y en cada impulso del sentimiento irritado, en cada movimiento del

94

odio, en cada desesperación de sus afectos destruidos, encuentra el freno de la razón, que unas veces lo obliga a indagar el origen de las causas más abstrusas, que otras veces la fuerza a contemplarse, sujeto y objeto de su contemplación, con la mirada fría que antes aplicaba al estudio, al examen y al conocimiento de la vida externa.

La razón conoce: no aprueba ni desaprueba lo que pasa; pero hay un consejero más austero, una voz más severa en su interior, que, cuanto más desaprueba y más condena el mal de que Hamlet es paciente, más aconseja la abstención del mal. La voluntad, enfrenada y contenida, tasca el freno, quiere obedecer al sentimiento, quiere lanzarse, abalanzarse, destruir, aniquilar, anonadar, satisfacerse, saciarse, concluir de un golpe el combate doloroso, y en cada circunstancia de la acción, en cada acontecimiento, en cada hecho, encuentra un pretexto para exigir acción, para secundar el acontecimiento, para pedir hechos, para trasladar de dentro afuera el combate mantenido en las oscuras soledades del espíritu.

Los cómicos que se presentan en Elsinor suministran a Hamlet el pretexto que anhela su exacerbada voluntad, que pide su sentimiento espoleado por el odio.

Si el cómico representa el papel que Hamlet le encomienda y Claudio se delata a sí mismo al ver puesta en acción la infamia criminal que cometió, ¿con qué derecho, en nombre de qué deber seguirá su conciencia obligándole a abstenerse del mal que ha de salvarlo del mal y los malvados? Puesto que el mal existe, según afirma su razón; puesto que el mal es necesario, según siente el sentimiento; puesto que el mal es un derecho según quiere su atormentada voluntad, ¿no será un deber para su conciencia el consentir el mal?

El cómico que acaba de recitar en su presencia lo avergüenza. Ha recitado las palabras de un héroe, y se ha conmovido, y ha llorado, y ha hecho conmover y llorar a cuantos lo han oído declamar. Y él, que lleva en su alma un dolor agudo, que sufre una desgracia positiva, que ha visto la deshonra de su madre, el triunfo de su tío, que llora la muerte inicua dada a su padre por el triunfador procaz, él no siente, él no padece, puesto que no hace sentir y padecer a los que han amargado su existencia. No tiene voluntad, no tiene valor, ¿es un cobarde? De nadie consentiría que le ultrajara; de nadie

95

consentiría que le dijera una injuria frente a frente, ¡y consiente, sin embargo, que quede impune el crimen que maldice y abomina!

Se ha quedado solo, y medita angustiosamente en el misterio:

Ahora estoy solo. ¡Oh! ¡yo soy un esclavo miserable! ¿No es monstruoso que ese cómico, solo por una ficción, por una pasión imaginada, pueda forzar su voluntad a su capricho?... ¡Y todo, por nada! ¿Por Hécuba? ¿Qué es Hécuba para él, él para Hécuba, que así llora por ella? ¿Qué haría, si tuviera para sufrir el motivo y el objeto que yo tengo? Inundaría de lágrimas la escena... enloquecería al culpable... En tanto que yo, estúpido irresoluto, languidezco, y nada sé decir ¿Soy yo cobarde? ¿Quién se atreve a decirme miserable?...

Y continúa su magnífico monólogo. Monólogo para el espectador, diálogo para sí mismo, en él querellan la conciencia que no quiere decidirse y la voluntad ansiosa de vencer la irresolución de la conciencia.

De esas querellas secretas del espíritu es diariamente escenario el ser humano. En razón del desarrollo del espíritu, la extensión y las dificultades de la lucha. Un hombre bueno es casi siempre débil: ¿por qué? porque pierde en esas querellas interiores la rápida ocasión de ejecutar su voluntad, porque teme ejercitarla para el mal. Por muy fuerte que sea en su razón, por completa que sea su certidumbre del mal, por lúcida que sea su apreciación de la realidad; cuanto más fuerte, cuanto mayor en certidumbre y más lúcido sea en sus juicios del mundo y de sí mismo, mayor será la obstinación contra los males que conoce y más hondas raíces arrojará en su alma aquella tranquila voluntad que quiere el bien, que se opone heroicamente a la voluntad del mal.

Esas contiendas heroicas no se ven, y los que tienen la magnanimidad de sostenerlas llegan a un momento de dolor desesperado en que, juzgándose con el juicio con que temen ser juzgados por los otros, aceptan el mal como un mandato categórico de la realidad, como medio necesario de existencia.

En ese momento está Hamlet al meditar en sí mismo en el monólogo.

Ya ha decidido el mal.

Para provocarlo, para mantenerlo ojo alerta, ahí están las circunstancias exteriores; ahí están Claudio y sus espías, empezando a entenderse para el crimen. Hasta ahora, la hipocresía del uno esconde a los otros sus designios; pero ya llegará el momento de revelarlos, y sabe que puede contar con ellos para realizarlos.

Claudio va a saber por sí mismo a qué atenerse; va a esconderse con Polonio para oír lo que Hamlet dice a Ofelia: tanto creen ésta, su padre y la misma Gertrudis que puede la pasión amorosa influir en el malestar del príncipe, que Claudio se decide a ver con sus ojos y oír con sus oídos el extravío de una pasión en que no cree. Ya decidido al crimen, una nueva confirmación de sus temores será una nueva prueba en favor de su malvado intento.

Se esconde, y ve venir solo, cabizbajo, encarcelado en su pensamiento, a Hamlet.

¿En qué piensa, qué medita, qué indaga?

Piensa en el problema tenebroso; medita en la más remota de las causas; indaga el principio más recóndito.

Ha decidido el mal, y ese mal va a tener por expresión la muerte.

¿Qué es la muerte? El no ser. Y ¿qué es el ser?

Un problema entre dos incógnitas; un abismo entre dos bordes ignorados. De resolver el problema, de franquear el abismo, de eso se trata. De eso se trata para Claudio; para Claudio, si él lo mata; para él mismo, si no se decide a perdonarlo ni a matarlo.

Y, ¿qué es más digno del alma, de esa alma humana tan poderosa en el pensar, en el sentir y en el querer: sucumbir al dolor o rebelarse contra él; matar o morir?

«¿Morir?... dormir, y nada más.»

Y se sonríe. La muerte, que antes se le presentó como idea, se le presenta ahora como realidad. Como idea, asusta; como realidad, atrae.

«¡Y decir que en ese sueño va a acabar este acerbo, dolor del vivir mío!»

Lejos de temerlo, lo desea. Y tanto lo desea, que se olvida por completo de la determinación anterior de su voluntad, desaparece de su espíritu el motivo ocasional de la meditación; y ya no piensa en el ser que va a destruir, en sí o en otro, sino en el no ser, que anhela con toda la devoción de su infortunio.

97

Y acaricia la idea conquistada, como acaricia la razón las verdades descubiertas por su esfuerzo: «Morir — dormir.»

Ni énfasis, ni reflexión, ni afectación. Morir es dormir; una verdad y nada más. La verdad es sencilla y luminosa. Sencilla, no cuesta esfuerzo; luminosa, hace ver y se hace ver.

Se encoge de hombros: morir es dormir.

Y ¿dormir? ¿qué es dormir?

«¡Dormir! ¡Quizá soñar...!»

Luego la muerte puede no ser el tranquilo dormir que deseaba. ¡Quién sabe las pesadillas de ese sueño!

Y nota un escollo, y lo señala, y se detiene a examinarlo.

Es la voluntad del mal, detenida ante los escollos del mal. Si estuviera sola, si solo estuviera determinada por los impulsos calenturientos de la imaginación y el sentimiento, no se detendría, y pasaría el escollo o se estrellaría contra él; pero ha sido determinada en una lucha: la razón indagadora, la conciencia justiciera van con ella, y se detiene.

En vano tiende después a su carácter natural, a sus impulsos característicos, a sus violencias naturales; y se ríe de la razón y la conciencia diciéndoles que ese escollo es el escollo que hace tan larga la calamidad del existir; que ese es el miedo que, por retroceder ante el peligro del momento, llena de calamidades nuestra vida: la razón y la conciencia no la oyen.

Ambas piensan con ella y sienten con el sentimiento desesperado, que si no fuera por el miedo de ese escollo que se presenta en la idea de la muerte, nadie, ningún hombre nacido de mujer «soportaría resignadamente las injurias del tiempo, las injusticias de la tiranía, las desigualdades de la vida social, el fardo de la existencia fatigosa».

Pero cuando el sentimiento se queja de la tarda voluntad, a quien atribuye que prefiramos los dolores conocidos a los no conocidos, e increpa acerbamente a la conciencia, que es, según ella, quien nos hace cobardes y quien convierte en nonada las empresas más altas y más dignas, hay en el espíritu de Hamlet aquel tumulto interior que, en los individuos como en las sociedades, resume siempre el apogeo de una lucha.

El monólogo

Poneos a platicar con el huésped taciturno que albergamos no sé en qué rincón del organismo: preguntadle quién es, de dónde viene, a dónde va; su origen, su destino; sus fines, sus medios, sus principios; sus derechos, sus deberes, su carácter, su esencia, relaciones, afinidades; quién es Dios, si de allí viene; qué es la materia, si solo es una condensación de la materia; qué es infinito, si lo es; qué es absoluto, si por tal se tiene; qué es la eternidad; qué es la muerte; y todas las fuerzas parciales del ser adquirirán una tremenda intensidad de acción y chocarán violentamente unas con otras, e iguales en poder como son todas ellas en esfera, se cansarán de combatir sin obtener victoria. El sentimiento desesperado buscará la muerte; la voluntad iracunda intentará una acción; la razón meditabunda buscará una luz; la conciencia impasible intentará una conciliación armónica. Pasarán días y más días, y siempre el dolor para el sentimiento, y siempre la irritación para la voluntad, y siempre para la razón la media luz, hasta que la conciencia haya elaborado su armonía y encadenado en su órbita precisa esas fuerzas, que son anárquicas si evolucionan a su arbitrio, que son armónicas si evolucionan dirigidas.

La conciencia no ha elaborado aún en Hamlet la armonía, y para hacerlo entender y demostrarlo, pone Shakespeare en sus labios el monólogo sombrío.

Ese monólogo es por sí solo una tragedia, porque el apogeo de una revolución moral, el momento supremo de anarquía en un espíritu.

Bienaventurados los que hayan venido a la vida, estado en ella, pasado de ella, sin tener que descansar la pesada cabeza sobre el pecho para pensar hondamente y decir en el hondo secreto de su alma:

Ser, —o no ser. —Ese es el problema. —¿Qué es más digno del alma: soportar los tiros y los golpes de la fortuna adversa, armarse contra las tribulaciones, y, oponiéndose a ellas, acabarlas? ¿Morir? dormir, y nada más. ¿Y decir que, por medio de ese sueño, terminamos las mil penalidades naturales, las congojas de que la carne es heredera! ¡Oh! ¡ese es un término que debemos anhelar devotamente! —Morir, dormir. ¡Dormir!

99

¡quizás soñar! Aquí está el escollo que detiene: porque, cuando hayamos arrojado esta envoltura mortal, ¡qué ensueños sobrevendrán en ese sueño de muerte! —Ese es el miedo que prolonga la calamidad de la existencia. —¿Quién, de otro modo, sufriría las inclemencias del tiempo, la iniquidad de los tiranos, los ultrajes del soberbio, las congojas del amor menospreciado, los trámites de la ley, la insolencia de nuestros superiores, las vejaciones que sufre de los indignos el mérito paciente, cuando un puñal bastaría para restituirle la quietud? ¿Quién querría soportar la carga, gemir y sudar la fatigosa vida, si no fuera que el miedo del más allá de la muerte (desconocido país de donde no vuelven los viajeros) embarga la voluntad y nos hace preferir los males que sufrimos a los otros que ignoramos? ¡Es decir, que la conciencia hace cobardes! ¡Es decir, que el brillo nativo de la resolución se debilita con el pálido matiz del pensamiento, y empresas de grande importancia y gran momento cambian de curso y de nombre ante esa idea!?...

Y hubiera seguido meditando, no ya con la pasiva meditación de la razón, sino con la activa, punzante, calenturienta desesperación de todas las fuerzas de su alma.

Venía pensando en la muerte con que había resuelto castigar a su enemigo, y llegó a preferir para sí mismo el mal que para otro preparaba. Pensaba que era un delito el morir, y se ha encontrado con que la idea del no ser es el torcedor más agudo del espíritu. Pensaba que todas sus facultades amaban, querían, razonaban y aplaudían unánimemente la idea de la muerte, y ha visto estallar la disensión entre todas las facultades de su espíritu.

Venía razonando sobre lo finito, y ha concluido lanzando una interrogación al infinito.

En toda revolución, igual momento. Cuando las sociedades atormentadas de Colón rompieron para siempre la cadena que había durante tres siglos embargado el movimiento de su vida, se hallaron lanzadas al vacío, se asustaron; se encontraron en la anarquía, y se aterraron. Cuando Jesús meditó definitivamente el problema de la transformación de la humanidad por su doctrina, sudó sangre y exclamó dirigiendo su voz al infinito: *Pater! si possibile est transeat a me calix iste!*

100

Hubo una luz, la de su sacrosanta conciencia, para el Cristo: bebió en ella la fe de su sublime obra, y la acabó. Hubo una luz, la del progreso, para los pueblos de Colón: bebieron en ella la fe de su porvenir, y continuaron.

Diálogo

Hubo otra luz para Hamlet, la de Ofelia: iluminó con ella la tiniebla palpable de su alma, y sin embargo la apagó. Horrorizóse de sí, no de la luz. Horrorizóse de no ver con ella el sumo bien que en ella hay, de que solo le sirva para ver la horrenda oscuridad en que se ha envuelto.

Nadie la ama como él; nadie desea inundarse de ella como él; pero a nadie le está tan vedada como a él, y la rechaza.

Luz es Ofelia para él; pero esa luz de esperanza ilumina esta verdad de su desesperación: su madre era buena, bella, virtuosa, y sigue siendo bella a pesar de haber dejada de ser buena y virtuosa. Ofelia es buena, bella y virtuosa; pero es mujer, como su madre: no puede, no *debe* creer ni esperar que haya un ser más perfecto que su imperfecta madre, una mujer que pueda resis

tir a las solicitaciones a que no supo su madre resistir. Su padre pecó por ser mujer: es absolutamente necesario que toda mujer obedezca, como su madre, a su naturaleza de mujer. La fragilidad es condición esencial de la mujer. Si no ha caído, caerá. Y para desecharla irremisiblemente, supone la caída: *Are you honest?* «¿Eres honesta?» ¿Por qué la abruma con esa brutalidad? Porque es bella. Y «¿puede —preguntemos con la inefable dulzura de Ofelia— tener la belleza mejor compañera que la honestidad?» «Sí, por cierto: que antes el poder de la belleza transformará a la honestidad en alcahueta, que pueda la fuerza de la honestidad hacer su semejante a la belleza.» —Y como al pronunciar esta cínica herejía, no piensa en Ofelia y solo se acuerda de su madre, dice, con amargura que desgarra: «Esto era una paradoja en otro tiempo; pero hoy...» Y al contemplar a Ofelia, tan pura, tan sencilla, tan amante, tan bella y tan honesta, envuelve en un mismo suspiro esta reflexión: «Y hoy también», y esta declaración que hace a su adorada: «Yo te amé.»

Yo te amé es, yo te amo. En boca de Hamlet significa más: «Te amo; pero no debo amarte.»

101

Es un combate a muerte entre el deber de vengar y la necesidad de amar, nunca tan imperiosa como entonces. Es la continuación de la misma anarquía de su espíritu, elevada al horror sublime en el monólogo, mantenida por el diálogo en lo patético sublime. Si es patética la lucha de un fuerte contra el instinto y la necesidad de ser feliz, es sublime la lucha victoriosa de un débil contra un fuerte. No hay fuerza superior a la que acaba de conquistar Hamlet, si se exceptúa la que sucede al estado en que él está; pero entonces la fuerza está en reposo. No hay debilidad igual a la de un alma inocente como Ofelia: juegan con ella todas las realidades de la vida.

La realidad terrible de la vida está en Hamlet; la debilidad de la inocencia está en Ofelia. Fuerza y debilidad están en su apogeo: se encuentran y chocan. De ese choque sale triunfante la debilidad. La fuerza, al ultrajarla, se despedaza a sí misma, y se fatiga. La debilidad, al resistirle, se depura.

Hamlet dice, con la brutalidad de la verdad, a Ofelia: «Te amo: no te amo; necesito amarte, no puedo, porque no debo amarte», para concluir diciendo, convencido de la pureza que ha negado, apiadado de la inocencia que ha martirizado: «Vete, vete a un convento, a un retiro inaccesible, a un asilo de paz y de reposo en donde no tengas que sufrir el martirio de tu alma.» Y en tanto que se aleja, fijos siempre los ojos en la ventura que abandona, maldiciéndose dos veces a sí mismo, por inútil para la felicidad, por inútil para darla, arrepentido de no haberla aceptado, —Ofelia, que en un solo momento ha pasado por todas las alternativas de la esperanza y la desesperación, de la alegría y del dolor, del amor y la piedad, ha perdonado todas las ofensas, todas las injusticias, todas las crueldades, todas las brutalidades de su amante, y segura de sí misma en su debilidad y en su inocencia, sabe que ella, solo ella, tiene poder bastante para restituir la salud al adorado espíritu enfermo, y quejándose del infortunio más que de él, exclama: «Haber visto lo que he visto para ver lo que veo.»

Estas dos escenas, tan claras en sí mismas como son, parecen oscuras: es que sobre ellas flota la neblina sutil de lo sublime.

Desarrollo

Desde este momento, la acción no puede detenerse y se desarrolla con una celeridad igual a la lentitud con que hasta ahora ha procedido.

Lo más claro en sí mismo suele parecer lo más oscuro, y a primera vista no se comprende cómo, dependiendo la acción de esta tragedia del desarrollo moral de su protagonista, sea el momento de mayor vacilación que hay en el espíritu de Hamlet, el en que adquiere movimiento el drama. Pero todo es claro y congruente para el que haya comprendido el monólogo sombrío, el diálogo claro-oscuro que le sigue, la intención con que Shakespeare ha hecho que Claudio presencie ocultamente la entrevista significativa de los dos amantes; para él que haya comprendido que, desde el monólogo en adelante, Hamlet ya que tiene que discutir con su conciencia, porque ya está todo discutido, y ya hay en él un carácter definitivo que solo necesitará una circunstancia, la que fuere, para realizarse definitivamente. El que haya percibido la coincidencia de la acción interna y la externa que se verifica en este instante de la tragedia, cuando Hamlet se ha decidido a ser, y cuando Claudio, previendo el riesgo que su vida corre, se decide a deshacerse de la de Hamlet, comprenderá por qué la acción se precipita. Hamlet va directamente a su venganza; Claudio, por su parte, va sin vacilación a su nuevo crimen.

Ya puede observarse la transformación verificada en Hamlet. Habla con el cómico a quien ha encargado que represente la escena del Gonzago; y para que sea mayor el efecto que de ella espera, le da una lección de declamación que, así presentada, es natural, porque determina la posesión de sí mismo en Hamlet y la tranquilidad con que va a su objeto; que, presentada como un incidente, es absurda. Detrás de ésta, una escena que la completa: la en que Hamlet, que hasta ahora ha estado solo en su proyecto, porque vacilaba en ejecutarlo, se asocia a Horacio, con quien cuenta y a quien recomienda que examine cautelosamente la fisonomía del rey cuando se ponga en escena el crimen que le dio el trono.

Ha llegado el momento decisivo. Toda la corte se ha agrupado alrededor del escenario. El prólogo de la comedia antigua ha salido ya a pedir perdón por las faltas presuntas de los actores, y Hamlet, que tiene el buen humor que estalla por compensación en los caracteres tétricos cuando se aproximan al logro del objeto que han perseguido con obstinación, habla jovialmente con el rey que pregunta el nombre y el argumento de la pieza: «¿Cómo se llama?» pregunta el rey. «La ratonera», dice con maligna intención

103

el príncipe. Y continúa: «Esta pieza es la imagen de un homicidio consumado en Viena. Gonzago es el nombre del duque; Baptista el de su mujer.»

Representan escenas semejantes a las que determinaron la muerte del rey Hamlet, y Claudio se delata. Se inmuta, palidece, se estremece, se levanta, se va. Y cuando todos los cortesanos, consternados por el malestar que ha demostrado, van tras él, Hamlet se pone a cantar. Ese cantar equivale a un comentario. Hamlet canta, porque si la irresolución es una tristeza abrumadora, el primer momento de la resolución es una alegría loca. Hamlet está seguro de que podrá vengarse, y exhala su contento, verdadero contento, íntima satisfacción de un alma atribulada por la apatía. Si aún, cuando Horacio le dice que ha observado lo que él, siente y expresa tristeza, no es que vacile, es que su alma generosa se entristece de la necesidad del mal. Por eso pide música, ruido, bullicio exterior: para matar esa tristeza.

Preséntanse Rosencrantz y Guildernstern, tanto más empeñados en vigilar a Hamlet, cuanto más se lo ordena la inquietud de Claudio; y Hamlet, que antes temía no tener energía para sustraerse a la vigilancia, está ya tan seguro de sí mismo que, empleando la encantadora alegoría de la flauta, les dice: «En vano intentaréis saber lo que guardo en mi pensamiento, porque no quiero revelarlo.»

Detrás de los emisarios del rey, los de la reina. Polonio, en nombre de ella, ruega a Hamlet que pase a los aposentos de su madre.

Al hacerlo, queda solo consigo mismo, y según la costumbre de su espíritu y la necesidad del estado moral que recorre, se examina. Ni una duda, ni una vacilación. El que antes dudaba si tenía el derecho de hacer mal; el que antes vacilaba estremeciéndose ante la idea de la muerte, piensa ahora con fruición que bebería sangre caliente.

Con ese horrendo deseo se dirige al aposento de su madre pasando por el oratorio de palacio. Se encuentra con su tío que, apoyado sobre el reclinatorio, fuerza y violenta una plegaria inútil. Hamlet se abalanza, saca su espada, va a matarlo... ¿Se ha detenido por temor del crimen? No. Se ha detenido porque no le satisface el crimen. El malvado está rezando, y si muere rezando, se va al cielo: ¡donosa venganza, la de dar el cielo a un perverso que, por matar a su padre después de las libaciones de una orgía, lo envió al infierno! No; ya él está seguro de su resolución y tiene calma para esperar: esperará a que el malvado esté en condiciones de condenarse cuando muera.

Y entra en las habitaciones de su madre. «Hamlet, mucho has ofendido a tu padre». «Madre, mucho habéis ofendido a mi padre.» El diálogo que empieza así, no puede continuar tranquilamente. ¡Está resuelto a matar, y no ha de estarlo a castigar! Tanto llega a temer la reina ese castigo, que pide socorro. Polonio, escondido para oír, repite el grito. El príncipe cree que es, anhela que sea su tío el que está detrás de las cortinas, y las atraviesa con su espada, y con ella un cuerpo que se desploma con estruendo. ¿El de su tío? Y el ardiente placer de la venganza relampaguea en sus ojos, y el rugido del odio satisfecho resuena en su corazón: *Is it the King?* «¿Es el rey?» Y cuando levanta la cortina y ve a Polonio, maldice el error de la casualidad; pero, no se arrepiente; él quería matar al rey, no es culpa suya que, en vez del rey, sea Polonio. Bloody deed, dice reconviniéndole su madre. «Sí —le contesta sarcásticamente—: un hecho sangriento tan malvado como matar a un rey y casarse con su hermano.» Y en la delirante actividad de su rencor se olvida tan absolutamente del respeto que se impuso hacia su madre, que hace necesaria la intervención de la sombra paternal. El fantasma aplaca su furor, exigiéndole piedad para su madre; pero renueva el juramento de odio y venganza contra Claudio. —Ese fantasma es la conciencia de Hamlet, y será la última vez que se presente, porque todo cuanto Hamlet va a hacer está de antemano absuelto por la conciencia.

Lo que ella no absuelve es la irresolución. Abandonada por completo a la violenta dirección de la voluntad activa, busca ansiosamente las circunstancias y las ocasiones que rehusaba antes, y en todo encuentra motivos a la acción, ejemplos del poder que tienen los que no discuten con su voluntad y la obedecen. Halla en su camino el ejército de Fortimbras, que va por placer a matar gente; y piensa, en el monólogo más profundo que ha pronunciado jamás el labio humano, en las inmensas ventajas morales y sociales que lleva consigo el que vive de la realidad que no discute, y abandonándose a ella, se abandona a la corriente de la vida, tocando quizás en todos sus escollos, no deteniéndose jamás ante ninguno. Él podrá llegar despedazado al fin de su vertiginosa carrera; pero habrá vivido, porque vivir, en el sentido social de

105

ese concepto, es moverse, es hacer, es realizarse en el tiempo, completarse en los otros, dilatarse en la común acción de la generación viviente.

Dése al espíritu un objeto; búsquese, para impedirle que lo alcance, el valladar más inaccesible; póngase perpetuamente entre el objeto y él, y se habrá hecho mártir a ese espíritu; pero el que quiera concebir una idea del infierno, coloque en el alma humana un deseo vehemente, ávido de acción, una voluntad voraz, unida a una reflexión infinita de sus actos, y habrá colocado el infierno en el único lugar en donde existe: en la conciencia.

Hamlet busca una circunstancia propicia, y no la encuentra. Ha pasado por todas las fases del dolor, por todos los tormentos de la lucha interna, por todas las congojas de todas las desesperaciones, y no ha podido todavía desenfrenar su encadenada voluntad, dar alimento a su venganza hambrienta. Una ocasión, y más de una se han ofrecido a su deseo, y siempre ha dejado disiparse la ocasión. Y en tanto que él se mortifica en la pasividad y maldice inútilmente su impotencia, pasan, triunfadores de la actividad, contentos de sí mismos como todos los que triunfan, los hombres que para conseguir lo que desean, no necesitan más que abandonarse a su deseo.

Mientras que él, juguete de sí mismo, pierde el tiempo de la acción en meditarla y en pedir circunstancias favorables, Claudio, su enemigo, el verdugo de su fe, su esperanza y sus afectos, ha podido inutilizarlo, alejándolo para siempre de Elsinor.

Mientras que él se ve forzado a caminar hacia Inglaterra, alejándose cada vez más de su venganza, Fortimbras, un príncipe adolescente, una ambición naciente, se dirige con un ejército a Polonia, sacrificando sin vacilación y sin tristeza, miles de hombres a su intento. El contraste es angustioso: es el contraste en que César meditaba cuando pensando en el dominio del mundo romano, pasó de los veinticinco años sin conseguirlo, y acordándose de Alejandro, ya a su edad conquistador del Asia, se golpeaba desesperadamente la cabeza.

Todos, menos él, son activos para el bien o para el mal, y hacen el bien o el mal, porque no reflexionan lo que hacen. Antes descubrió que la conciencia hace cobarde: ahora advierta que la razón hace impotente.

El monólogo en que conoce este nuevo abismo de su vida, tiene una profundidad insondable:

106

Todas las acciones atestiguan contra mí y espolean mi tarda venganza. —¿Qué es el hombre, si su mayor bien y el empleo de su tiempo están en la comida y en el sueño? Una bestia no más. De seguro que el que nos hizo con tan vasto discurso, mirando hacia adelante y hacia atrás, no nos dio esa capacidad y esa razón casi divina para que la encerremos sin usarla, en nosotros. Ahora, si es bestial olvido o cobarde escrúpulo del pensamiento demasiado meticuloso en el hacer (pensamiento que, dividido, solo tendría una parte de prudente para tres cuartas partes de cobarde), yo no sé por qué vivo todavía para decir: «Hay que hacer esto», si tengo motivos, medios, voluntad y fuerza para hacerlo. Ejemplos continuos me estimulan. Aquí hay un ejército numeroso, guiado por un príncipe tierno y delicado, cuyo espíritu, inspirado por ambición divina, hace frente al invisible evento, exponiendo lo que es mortal e inseguro a cuanto fortuna, muerte y peligro se atreven por un cascarón de huevo. —En realidad, ser grande no es moverse sin un gran designio, sino querellar grandemente en lo pequeño. ¿Cómo, pues, me detengo yo, que tengo un padre asesinado, una madre deshonrada, solicitaciones de mi razón y de mi sangre, y lo dejo dormir todo, mientras que, para vergüenza mía, veo la muerte inminente de veinte mil hombres que, por un capricho, por una mentida gloria, van a combatir por un puñado de tierra, que no es espacio bastante para sepultura de ellos ni contenido suficiente para ocultar su crimen?

Nada tiene de particular que se desatienda o mal comprenda el espíritu de este monólogo, cuando el mismo Hamlet lo concluye declarándose indigno de todo si en adelante no son sangrientas sus ideas.

Es tan honda la lucha, que el mismo que la sostiene desconoce su carácter verdadero. No se trata de pensar sangre: ya está pensada y discutida y decidida: se trata meramente de maldecir la incomprensible fatalidad que, producida por motivos interiores o exteriores, impide que el paciente de ese estado moral salga de una vez y en un solo momento activo, de él. Hamlet sabe que consumará su obra, sabe que cada paso que adelanta lo conduce a ella; pero no sabe por qué, otros, casi todos los hombres, consiguen más y

107

más pronto de sí mismos y del mundo, empleando en querer, en desear, en escoger medios, esfuerzos infinitamente más pequeños que los empleados por él para solo decidirse a proceder.

Mientras Hamlet se ausenta de la escena, se verifican dos efectos naturales de su conducta anterior: enloquece Ofelia y Laertes, recién llegado de su viaje, amotina al pueblo contra el rey. La locura de Ofelia y la rebelión de Laertes son producidas por la muerte de Polonio. Polonio ha muerto porque Hamlet lo ha matado; y así como, al saberlo, Laertes traslada en su intención a Hamlet el odio vengativo que traía contra el rey, así Ofelia que sabe quién fue el matador, recuerda vagamente en su locura al amado enemigo de su felicidad y su razón. Aun ausente, siempre está Hamlet presente en la acción.

Para llegar ésta a su término, solo necesita la vuelta del carácter que la alimenta. Unos marineros traen pliegos de Hamlet y en ellos anuncia su regreso. Claudio concierta con Laertes el duelo alevoso que ha de vengarlos del príncipe, y para hacer más anhelada la venganza, entra la reina a referir cómo, estando la dulce Ofelia formando a la orilla del torrente las caprichosas guirnaldas con que se adornaba, cayó al agua y estuvo largamente flotando sobre ella, tranquila en el peligro como si estuviera en la alegría cantando dulcemente y sonriendo, en tanto que la corriente la arrebataba de la vida.

Desenlace

Hamlet está en el cementerio. Acaba de llegar, después de burlar el peligro que Claudio le había preparado; y la casualidad lo ha llevado al lugar donde juntos reposan para siempre los que no conocieron el movimiento de la materia y del espíritu, con los que siempre intranquilos en su vida, pensaron con tranquilidad y dulzura que todo es transformación en nuestro ser, así desde la cuna hasta la tumba, como desde la tumba a la otra cuna. Una tumba en el claustro materno, la del cuerpo; otra tumba en el cuerpo, la del alma. Como se necesita desgarrar el seno maternal para nacer a la vida corporal, se necesita destruir el cuerpo para nacer a la vida independiente del espíritu. Santa madre es la muerte; pero es triste, no solo porque interrumpe el dulce engaño del vivir, sino porque presenta en

108

esqueleto la verdad. Esos cráneos que el sepulturero levanta displicentemente con su pala, pertenecieron a un todo descompuesto que miró, que penó, que sintió, que ejecutó, que fue bueno o malo, embustero o veraz, risueño o melancólico, bufón o héroe, Yorick o Alejandro. ¿Por qué no pleitea ya el abogado, ni adula el cortesano, ni hace reír el bufón, ni llorar el héroe? Este cráneo es de Yorick: ¡pobre Yorick; tan donoso, tan alegre, tan vivaz! ¿Dónde están sus ocurrencias, su alegría, su vivacidad? ¡Y como han desaparecido la gracia, la risa, el centelleo del cráneo vacío del bufón, habrán desaparecido también de la calavera de Alejandro las heroicas concepciones, y desaparecerá un día la belleza de Ofelia inolvidable!

Y la tristeza que divaga en esta escena, tanto más íntima cuanto mayor es la paz de ánimo de Hamlet, se aumenta al oír el vocerío doliente del fúnebre cortejo que adelanta. ¿Qué abogado, qué cortesano, qué bufón, qué conquistador, qué dama habrá perdido su lengua, su espina dorsal, su risa, su brazo, su belleza?

Hamlet ha visto la muerte en su imaginación; estaba contemplándola en sus ruinas; la ve ahora en su obra diaria. —¿Sobre quién ha caído? Hamlet está sobrecogido de piadoso espanto, cuando Laertes asegura al sacerdote que *A ministering angel shall my sister be*: «un ángel al servicio de Dios será su hermana.»

La bella a quien, por medio de Yorick, recomendaba Hamlet que desdeñara su belleza perecedera, ya no existe. Dentro de poco, como antes buscaba en el cráneo descarnado del bufón la risa alegre, podrá venir a buscar inútilmente en la calavera pelada de su amada, la mirada apasionada, la pudorosa sonrisa, el beso que se desea y no se pide. *What! the fair Ophelia!* «¡Cómo! ¡la rubicunda Ofelia!» Es la declaración de amor: la única que puede hacer Hamlet; la inútil, la que no podía tener por recompensa el cielo que hay en la expresión de un alma amante.

Se hubiera recogido a llorar las primeras lágrimas; pero hay alguien que insulta su dolor. Laertes, desesperado, grita su desesperación a grito herido, maldice a Hamlet con maldiciones estruendosas.

El hombre irresoluto, el siempre detenido ante una idea, el enfermo de la voluntad, encuentra en su nuevo dolor la fortaleza que destruyeron los antiguos, y adelanta con paso seguro hacia el injusto declamador de su dolor, y en una soberana explosión de su alma hasta entonces contenida, dice más y hace más que ha podido decir y hacer mientras luchaba consigo mismo en su interior.

La circunstancia que buscaba el hombre, se presenta; y el hombre no ha faltado a la circunstancia.

Detrás de la explosión inesperada, llegará la preparada, y el hombre se dará en toda su fuerza.

Claudio ha convenido con Laertes en el modo de aniquilar al enemigo de ambos. Es Hamlet tan generoso que creerá deber suyo aceptar el asalto a espada que van a proponerle; es tan confiado, que tomará sin examinarla el arma que le pongan en la mano. El arma de Laertes estará envenenada, y él morirá. Una muerte casual, que nadie llorará con lágrimas más abundantes que los causantes de ella, y olvidarán al muerto, y adorarán por sensibles a los asesinos: hábil obra.

Mandan proponer el encuentro a espada, y aunque Horacio le ruega que no acepte, Hamlet acepta el asalto.

Es herido en el momento en que desarma a su contrario. Cambia su espada por la de éste, y Laertes cae herido. En el mismo momento cae desplomada a suelo Gertrudis. Ésta, al morir, declara que ha sido envenenada. Laertes en su agonía, confiesa su crimen y el de Claudio.

Llegó para éste el momento con tan hondas congojas buscado por Hamlet: éste se precipita sobre aquél, y en un solo momento de activa voluntad encuentra la satisfacción de su venganza.

Conclusión

Muere; pero mata. Es su deleite.

Mata; pero muere. Esa es la áspera moral de la tragedia.

El bueno, que por amor al bien ha combatido heroicamente el deber del mal, logra al fin hacer el mal; pero sucumbe en él.

Satanás pronunció con los labios de Milton una frase que tiene resplandores infernales de verdad: «Mal, sé mi bien.» La personificación del mal reconoce la necesidad del bien.

Los que en su vida reconozcan la fatalidad del mal, lean pensando esta tragedia, observen la revolución en los mundos, en las sociedades y en el alma individual del hombre, y si quieren padecer más que Hamlet padeció, adelantando más en la revolución del alma, pasando victoriosamente sobre el mal, saliendo triunfantes de la muerte, díganse en la conciencia: ¡Bien, sé mi mal!

No quedará dolor por conocer; pero como no hay dolor más agudo que el desconocido, ya no habrá dolor agudo, y el alma quedará en el olímpico reposo de la indiferencia, que tantas veces he contemplado con deleite en la Venus de Milo victoriosa.

Ofelia en Hamlet

Es una estrella fugaz en el cielo de la tragedia. Apenas aparece, desaparece; brilla para desvanecerse. Son sus formas tan vagas, que nos parecen impalpables; es su influencia tan rápida, que nos parece nula. Y, sin embargo, no hay expresión de su rostro, palabra de sus labios, ademán de sus manos, quejido de su corazón, lamento de su alma, que no quede grabado en nuestro espíritu, que no guarde con cuidado el corazón, que no se complazca en representar la fantasía. Ha caído la estrella fugitiva, y aún divisan los ojos su estela luminosa.

Quien haya visto a la angelical criatura oyendo los consejos de su hermano, sometiendo su amor al mandato de su padre, narrando la aparición inesperada de su amado, fomentando su amor por su piedad, su piedad por su amor, desgarrando su delicado corazón al oír las amorosas brutalidades de su amante, lanzando su espíritu de luz en las tinieblas del caótico amor que la enajena, cayendo de la cumbre de todas las esperanzas al abismo de la locura inesperada, cantando canciones disonantes y esparciendo flores expresivas, precipitándose en el agua, como en la vida, sin conciencia del riesgo que corría; abandonándose a la corriente, como se abandonó a su amor, sin saber que se abandonaba a la vorágine; quien la haya visto vivir un momento, sufrir tanto, morir tan pronto, alejándose agua abajo con la luz de su sonrisa en los labios, como se aleja cielo abajo la luz de las estrellas fugitivas, árido será de corazón y de conciencia, sino se queja como ella en el único momento en que se queja: *To have seen what I have seen, see what I see!* («¡Haber visto lo que he visto, ver lo que veo!»). Árido será de corazón y de conciencia, porque hay un Hamlet en el fondo de todo corazón humano; y en la oscuridad de la conciencia de ese Hamlet, hay siempre el centelleo de una luz que no supo recoger. La luz murió o pasó; pero su estela queda, y jamás, aun cuando la luz de la justicia ilumine la oscuridad de esa conciencia, volverá aquella sonrisa del cielo a inundar con sus delicias la existencia.

El primer amor, el amor único, es la forma primera de la felicidad, quizá la única: forma vaga, impalpable, fugitiva, como Ofelia. Como Ofelia, momentánea en la vida, eterna en la memoria de la fantasía y del corazón. Como Ofelia, una súplica en vida, un remordimiento en muerte. Como Ofelia, espuma que se desvanece en el torrente. Como Ofelia, un cielo que se ofrece y se

113

desdeña. Nunca ha producido el arte una creación más pura, ni divinizado una realidad más humana, ni concebido una verdad más esplendente.

El arte no demuestra, pero el arte presiente. Y es lícito pensar que Shakespeare, al dar vida mental a la divina hechura de su alma, presintió que en ella fundía para siempre las eternas aspiraciones del sentimiento en todos los climas, en todas las edades, en todos los caracteres de los hombres.

¿A qué aspira el sentimiento, a qué aspiran todos los seres racionales en el período del sentimiento? A realizar el sueño dorado de la vida.

Y ¿qué le piden? Cuanto tiene Ofelia: dulzura, sencillez, candor, sinceridad, delicadeza en los sentimientos y en los actos, inocencia en todos sus deseos y pensamientos, capacidad para todos los afectos, desde el razonador con el hermano hasta el sumiso y humilde con el padre; desde el que tiembla en presencia del amante hasta el que hace temblar en su delirio.

Y cuando se ha realizado lo exigido y el ímpetu de esa enajenación de la ventura traspone la realidad, y se establece una lucha entre lo ideal y lo real, que está al lado y está lejos, y triunfa lo real, como es bueno que triunfe y necesario, entonces se exige al ideal que se evapore, se lucha contra él por importuno, se le mancha con el fango de la duda, se le escarnece con el escarnio de las realidades impuras, se reniega de él tres veces; y si por acaso llega el momento de razón excelsa en que se ve que no había incompatibilidad entre lo real y lo ideal, ya no queda de éste más que el recuerdo placentero y congojoso a un mismo tiempo, el aguijón de infinito que ha dejado clavado en el cerebro el ansia insaciable que devora para siempre el sentimiento.

Eso es Ofelia para Hamlet: el ideal del sentimiento.

Los que la han visto vivir como ha vivido, en la perfecta sinceridad de su inocencia; enloquecer como ha enloquecido, «embelleciendo la aflicción, el dolor y el mismo infierno», según dice su hermano; morir como ha muerto, pasando «de su melodioso canto a su turbia muerte» («from her melodious lay to Muddy death»), según dice Gertrudis.

En vez de dudar, admirarán, cuando recuerden que la locura es una enfermedad del cerebelo, que es el núcleo del sistema neuroespinal; que las sensaciones producidas por la demencia en esos órganos se transmiten a los más simpáticos con ellos; que esa transmisión y esa simpatía puramente

114

orgánicas no pueden ocultarse o dominarse cuando ha muerto el dominador de las sensaciones, la razón; y que si coincide en la demencia la sensación con el recuerdo, no es el recuerdo el que determina la sensación, no es ésta un recuerdo de la realidad.

Y así, restituida a la absoluta integridad de su belleza moral y corporal, Ofelia es más bella y más pura que fue antes, porque ya no es un sueño creado por la fantasía, sino una realidad viviente, un ser de carne y hueso, con funciones y órganos que para nada obstan a la sublime realidad de su pureza, a la sublime idealidad de su belleza.

Era un florero quebradizo: plantaron una encina en vez de plantar una violeta, y se quebró.

Era un corazón de cristal: en vez de someterlo a la dulce temperatura del amor, lo sometieron a la presión de las pasiones, y estalló.

Loa a mamá
Teatro Infantil

Luisa Amelia   Madrecita de mi vida:

Eugenio Carlos   Madrecita de mi alma:

Luisa Amelia   Hoy celebramos tus días

Eugenio Carlos   Y los días de la Patria.

Luisa Amelia   Regocijados estamos

Eugenio Carlos   Con la coincidencia grata

Luisa Amelia   Que el santo amor a la madre

Eugenio Carlos   Al amor de patria aunara
de modo que el un deber.

Luisa Amelia   El otro nos recordara.

Eugenio Carlos   Pronto a cumplirlos ambos
Hoy te juramos...

Luisa Amelia   ¿Jurarla?
Como si el bien de quererla
juramento demandara
no has de decir que lo juras
sino que la noble alianza
de esos dos santos amores
no deber, gloria es muy alta.

Eugenio Carlos   Por tan alta yo la estimo,

dulce madre, viva hermana,
que ya mi afán mata al tiempo
y abreviarlo deseara
por merecer esa gloria
con ciencia y virtud preclara

Luisa Amelia   Pues yo, al contrario, quisiera
al tiempo cortar las alas
para así tener más tiempo
de reducir madre y patria
a un solo amor inmortal,
a una sola gloria santa.

Eugenio Carlos   Ambos tenemos razón;

Luisa Amelia   Pero memoria nos falta,
porque olvidamos la ofrenda...

Eugenio Carlos   Verdad es, ¡oh madre amada!
Mientras nuestra propia vida
no pueda simbolizarlas,
estos símbolos te muestran
el amor de nuestras almas

Luisa Amelia   Aquí tienes estas flores,
tus amigas, sustentadas
en estos floreros débiles
que nuestra vida retratan,
pues siendo toscos sostienen
esta obra delicada,
cual nosotros ser debemos
sostén de tu noble alma

Eugenio Carlos   Y aquí, bajo esta bandera

por el arte retratada,
una escena te presento
de los campos de la patria.

Telón

Las doctrinas y los hombres

Uno de los deberes más sagrados del escritor de buena fe y de todo aquel que con ánimo recto y desinteresados propósitos aspira a ser útil a sus semejantes y servir la noble causa de la verdad consiste, sobre todo en épocas en que, como la presente, la anarquía moral lo invade todo, en poner de manifiesto con esa entereza que solo la convicción y la lealtad pueden inspirar lo que hay de verdadero o de imaginario en las declamaciones con que los explotadores de las calamidades públicas se proponen en todas épocas extraviar el juicio de la multitud, siempre más impresionable que reflexiva.

Error muy grave y sistemáticamente difundido por los que en la involucración de las nociones de lo bueno, lo justo y lo útil cifran su medro es creer presto que los males públicos no se remedian, antes bien, van en aumento, y de día en día parece más difícil su correctivo; esto consiste únicamente en la maldad intrínseca de las ideas que se proclaman en el orden científico, o se aplican a la gobernación de los estados, confundiendo así lastimosamente lo que en las doctrinas hay de provecho con lo que en los hombres hay de egoísmo, torpeza o mala voluntad.

Las ideas pueden ser, y muchas lo son realmente, saludables y salvadoras, al paso que los hombres pueden ser, y en efecto muchos lo son, indignos representantes de ellas, o notables únicamente por su incapacidad de concebirlas en su recta significación, o por el insidioso empeño que ponen en desnaturalizarlas haciéndolas infecundas para el bien.

En ninguno de ambos casos puede ni debe atribuirse a las doctrinas la esterilidad de que las hieren la ignorancia, la estrechez de entendimiento o la perfidia de los que se llaman sus más genuinos intérpretes, y que en concepto de tales aspiran a ocupar los primeros puestos del estado, o los asaltan a favor de las luchas que por desgracia dividen a los hijos de una misma nación y a las naciones entre sí.

No, pues, en la conducta de los hombres, no siempre ajustada a la razón severa y al estricto deber, sino en el detenido, en el concienzudo estudio de las ideas en sí mismas y en sus relaciones con el estado actual de la inteligencia, de la cultura, del desarrollo social y político de los pueblos, y en el claro conocimiento de sus necesidades debe buscarse la clave de la diferencia que existe entre lo aceptable y lo que debe ser rechazado, entre lo beneficioso y lo nocivo, entre lo bello y lo deforme, entre el bien y el mal, entre la verdad y la mentira.

Si la conducta de los hombres hubiese de ser la norma para apreciar los grados de bondad de las diferentes escuelas que se disputan el dominio del mundo religioso, filosófico y político, grande sería la incertidumbre, extraña la confusión que se apoderaría del ánimo de quien a tan falsa norma acudiese.

Si porque la conducta de los hombres es en la generalidad de los casos ininteligente, exclusivista o perversa fuese lícito inferir y afirmar que las doctrinas de que respectivamente se proclaman apóstoles o caudillos son en el mismo grado a propósito para inducir a la ceguedad del alma, al exclusivismo o a la perversidad, ¿cuál sería, cuál, el criterio a que debiesen subordinar sus juicios, absolutos o comparativos, el hombre honrado, el político amante de su patria, el que desea la felicidad de sus semejantes, el que rinde culto a la verdad, el que se propone, en fin, el triunfo de la justicia?

Aun cuando fuese cierto, que no lo es, por fortuna, que los hombres fuesen igualmente idólatras de sus intereses y ambiciones, igualmente ciegos o indiferentes al cumplimiento de sus deberes políticos no sería razonable, sino tan temerario como absurdo, el raciocinio que dedujese la maldad de todas las doctrinas de la maldad de todos los hombres.

Juzgar así y así inferir sería destruir por su base todo el orden moral, negar la Providencia que, en su infinita sabiduría, ha dado al bien condiciones de perpetuidad y de triunfo independientes de las pasiones y miserias humanas; sería, en una palabra, sumir el mundo intelectual en la profunda noche del caos.

Juzgar e inferir así sería, además, condenar indistintamente a todos los partidos a un idéntico anatema; sería quitarles todo medio de defensa, toda razón para ejercer su respectiva propaganda, todo título para creerse mejores o más sabiamente inspirados que sus adversarios, puesto que no habiendo en ninguna agrupación política hombres impecables, ni caudillos infalibles, ni seres privilegiados, y debiendo juzgarse de las doctrinas por los actos de sus partidarios, resultaría, en definitiva, dado que éstos no aciertan a labrar la felicidad pública, que las doctrinas proclamadas por los bandos militantes son igualmente erróneas e igualmente ineficaces para el engrandecimiento, la gloria o la salvación de las naciones en sus días de prueba.

¿Hay algún partido, desde los más retrógrados hasta los más avanzados, que acepte de buen grado esta terrible consecuencia? No lo hay, no puede haberlo, no lo habrá nunca. Y, no obstante, esa consecuencia, que concluirá irremisiblemente por hacer del estúpido escepticismo y del triste abandono de todo estudio un código y una religión, es lo único que lógicamente se desprende del empeño que algunos muestran en hacer cómplices, si así puede decirse, a determinadas doctrinas, de la necia o maquiavélica conducta de determinados individuos.

Al expresarnos como lo hacemos nada prejuzgamos, porque no es llegado aún el día del examen detallado de la bondad de tales o cuales ideas y de su superioridad sobre las contrarias, y respetamos, por lo demás, el derecho que a cada parcialidad asiste de abogar por la supremacía que en su concepto debe darse a las que constituyen su credo político; derecho a que, por nuestra parte, jamás renunciaremos. Lo que deseamos, lo que pedimos, es que no se mida el valor de una idea o del proceder de sus intérpretes en la vida pública o en la privada.

Queremos que se estudie y se comprenda a fondo la significación de las doctrinas en sí mismas; estudio que, al paso que desarrollará eficazmente la educación política del pueblo, porque le pondrá en el ventajoso caso de formar por sí mismo exactos juicios acerca de las diferentes doctrinas que se disputan su favor y apoyo, dejará reducidos a muchos hombres a su verdadero valor, a su justa importancia, despojándoles de la falsa que en su orgullo se atribuyen o de que la torpe lisonja los reviste.

Y no hay para qué decir si esto es indispensable y hasta salvador en un país, víctima desde hace muchos años de las ambiciones personales y de demasías que han acarreado la deplorable turbación que hoy se advierte en las ideas y aspiraciones generales.

Libros a la carta

A la carta es un servicio especializado para

empresas,

librerías,

bibliotecas,

editoriales

y centros de enseñanza;

y permite confeccionar libros que, por su formato y concepción, sirven a los propósitos más específicos de estas instituciones.

Las empresas nos encargan ediciones personalizadas para marketing editorial o para regalos institucionales. Y los interesados solicitan, a título personal, ediciones antiguas, o no disponibles en el mercado; y las acompañan con notas y comentarios críticos.

Las ediciones tienen como apoyo un libro de estilo con todo tipo de referencias sobre los criterios de tratamiento tipográfico aplicados a nuestros libros que puede ser consultado en Linkgua-ediciones.com.

Linkgua edita por encargo diferentes versiones de una misma obra con distintos tratamientos ortotipográficos (actualizaciones de carácter divulgativo de un clásico, o versiones estrictamente fieles a la edición original de referencia).

Este servicio de ediciones a la carta le permitirá, si usted se dedica a la enseñanza, tener una forma de hacer pública su interpretación de un texto y, sobre una versión digitalizada «base», usted podrá introducir interpretaciones del texto fuente. Es un tópico que los profesores denuncien en clase los desmanes de una edición, o vayan comentando errores de interpretación de un texto y esta es una solución útil a esa necesidad del mundo académico.

Asimismo publicamos de manera sistemática, en un mismo catálogo, tesis doctorales y actas de congresos académicos, que son distribuidas a través de nuestra Web.

El servicio de «libros a la carta» funciona de dos formas.

1. Tenemos un fondo de libros digitalizados que usted puede personalizar en tiradas de al menos cinco ejemplares. Estas personalizaciones pueden ser de todo tipo: añadir notas de clase para uso de un grupo de estudiantes,

introducir logos corporativos para uso con fines de marketing empresarial, etc. etc.

2. Buscamos libros descatalogados de otras editoriales y los reeditamos en tiradas cortas a petición de un cliente.